구해줘 카카오프렌즈

한국사 ❶

글 **최태성, 조윤호**
그림 **도니패밀리**

🎤 한국사 시간 여행을 떠나기 전에

여러분 안녕? 만나서 반가워. 나는 큰★별쌤이라고 해.
한국사 책을 집어든 너희들처럼, 나도 한국사를 무척 사랑하는 대한민국 국민이지.
큰★별쌤이 누군지 잘 모르는 친구들을 위해 내 소개를 간단히 해볼게.

쌤은 웃음과 감동, 이야기가 담긴 한국사를 모두에게 전파하기 위해 📱
어제도, 오늘도, 내일도 강의를 한단다.
지금까지 쌤과 함께 공부한 학생들의 수가 500만 명이 넘어. 믿을 수 없다고?
정말이야. *뿌듯^^ 쑥쓰~ 부끄!*
나중에 친구들도 한국사 시험을 준비하게 된다면 한번은 쌤의 강의를 만나게 될 거야.

그런데, 혹시 너희들 중에 한국사는 지루하고 어렵다고 생각하는 친구들이 있니?
그런 친구들을 위해 쌤이 준비한 게 있어. 🖤🖤

> **구해줘 카카오프렌즈**
> 귀염뽀짝 카카오프렌즈는 한국사 수업 시간에 딴 짓을 하고
> 쉬는 시간만 기다리던 친구들이었어.
> 그랬던 카카오프렌즈가 쌤이 책 안에 갇히는 사고가 나면서 확 바뀌게 돼.
> 쌤이 책 속에서 탈출할 수 있도록 한국사 책을 열심히 읽기 시작했단다.
> 왜냐하면 탈출문이 책의 맨 마지막 장에 있거든.
> 책을 읽는 동안 궁금증이 생기면 탈출할 수 없다는 규칙 때문에
> 카카오프렌즈는 한국사 호기심을 하나씩 해결해 나가지.

쌤이 무사히 탈출할 수 있도록 너희들도 도와줄 수 있지?

한국사에 대한 관심의 끈을 놓지 않고 계속해서 이어나갈 수 있도록
꼭 알아야 하는 내용만을 쉽고 재미있게 쏙쏙 뽑아 책에 넣었단다.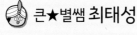
책을 읽다가 이해가 안 되는 어려운 용어는 밑에 풀어 쉽게 설명했고,
단원이 끝날 때마다 나오는 퀴즈를 통해
지금까지 해결한 궁금증을 다시 한 번 확인할 수 있도록 했지.

또 실제 교과서에 나오는 내용을 읽다보면 학교 수업 시간도 더 재미있어질 거야.
"저요! 저요! 저 그거 알아요~"
한국사 질문에 자신 있게 대답하는 우리 친구들의 모습을 상상하니
쌤의 기분이 벌써부터 좋아지네? 하하하.

그러니 너무 걱정하지 말고 카카오프렌즈와 함께
역사 속 인물들을 만나러 한국사 여행을 떠나보자!
과거로 돌아가 역사 인물을 만나거든
먼저 눈을 지그시 감고, 마음속으로 이렇게 말해보는 거야.
'왜 그런 선택을 하셨나요?'
'어떻게 살아야 하는 거죠?'
그 분들의 답을 듣다보면 우리 친구들이 어떤 선택을 해야
더 행복한지, 어떤 행동이 더 건강하고 옳은 것인지도
알 수 있을 거란다.
자! 그럼 이제 출발해볼까?

한국사 자신감이 뿜뿜할
귀여운 너희를 생각하며
 큰★별쌤 최태성

카카오프렌즈

RYAN

갈기가 없는 것이 콤플렉스인 수사자

큰 덩치와 무뚝뚝한 표정으로 오해를 많이 사지만,
사실 누구보다도 여리고 섬세한
소녀감성을 지닌 반전 매력의 소유자!
원래 아프리카 둥둥섬의 왕위 계승자였으나,
자유로운 삶을 동경해 탈출!
카카오프렌즈의 든든한 조언자 역할을 맡고 있습니다.
꼬리가 길면 잡히기 때문에, 꼬리가 짧습니다.

APEACH

복숭아 나무에서 탈출한 악동 복숭아

유전자 변이로 자웅동주가 된 것을 알고
복숭아 나무에서 탈출한 악동 복숭아 어피치!
섹시한 뒷태로 사람들을 매혹시키며,
성격이 매우 급하고 과격합니다.

MUZI & CON

**토끼 옷을 입은 단무지인 무지와
정체불명 콘**

호기심 많은 장난꾸러기 무지의 정체는
사실 토끼 옷을 입은 단무지!
토끼 옷을 벗으면 부끄러움을 많이 탑니다.
단무지를 키워 무지를 만든 정체불명의 악어 콘!
이제는 복숭아를 키우고 싶어
어피치를 찾아 다닙니다.

FRODO & NEO

부잣집 도시개 프로도와 패셔니스타 네오

프로도와 네오는 카카오프렌즈 공식 커플로
알콩달콩 깨볶는 중!
부잣집 도시개 프로도는 사실 잡종.
태생에 대한 콤플렉스가 많습니다.
자기 자신을 가장 사랑하는 새침한 고양이 네오.
쇼핑을 좋아하는 이 구역의 대표 패셔니스타입니다.
하지만 도도한 자신감의 근원이
단발머리 '가발'에서 나온다는 건 비밀!

TUBE

겁 많고 마음 약한 오리 튜브

겁 많고 마음 약한 오리 튜브는
극도의 공포를 느끼면 미친 오리로 변신합니다.
작은 발이 콤플렉스이기 때문에
큰 오리발을 착용합니다.
미운 오리 새끼가 먼 친척입니다.

JAY-G

힙합을 사랑하는 자유로운 영혼

땅속 나라 고향에 대한 향수병이 있는
비밀요원 제이지!
사명의식이 투철하여 냉철해보이고 싶으나,
실은 어리버리합니다.
겉모습과 달리 알고보면 외로움을
많이 타는 여린 감수성의 소유자.
힙합 가수 Jay-Z의 열혈팬입니다.

등장인물

큰★별쌤

카카오프렌즈가 다니는 초등학교의 둥둥반 담임 선생님.
도서관에서 라이언을 구하려다 신비한 책 속으로 빠지게
되고, 탈출문을 찾기 위한 험난한 여정을 시작하게 됩니다.
카카오프렌즈에게 궁금증이 생기면 언제, 어디서든 뿅
나타나 해결해주는 능력자!

아끼는 보물 1호	카카오프렌즈
최대 관심사	맛있는 음식을 배부르게 먹기, 지금은 오직 책 탈출!
걱정거리	카카오프렌즈가 한국사에 관심이 없는 것

구석기인

큰★별쌤을 책 속으로 끌어들인 문제적 인물.
탈출 방법을 알고 있는 유일한 존재.
큰★별쌤과 함께 지내며 카카오프렌즈의 궁금증 해결 과
정에 시시때때로 참견합니다. 큰★별쌤의 탈출을 돕고
있는 건지, 방해를 하는 건지 아리송한 태도를 보입니다.
구석기인의 진짜 마음은 무엇일까요?

아끼는 보물 1호	주먹도끼
최대 관심사	큰★별쌤이 탈출에 성공할 수 있을까

6

쪼리쌤

카카오프렌즈가 다니는 초등학교의 도서관 사서 선생님. 책을 많이 읽어 아는 것이 풍부하고 한국사에도 관심이 많습니다. 신비한 책의 비밀을 아는지 모르는지, 확실히 알 수 없는 미스테리한 인물로 카카오프렌즈에게 도움이 필요한 순간엔 쪼리 두 짝만 신고 어디든 달려와 줍니다.

아끼는보물1호	쪼리 두 짝
최대 관심사	도서관에서 벗어나 문화재들을 직접 보러 가는 것

돌PS 사용 설명서

 0% 50% 100%

궁금증을 해결하면 별이 채워집니다.
20개의 별을 꽉 채우면 큰★별쌤이
탈출문이 있는 곳에 도착할 수 있어요.

위치

큰★별쌤의 현재 위치를 알려주어, 탈출문까지 남은 거리를 파악할 수 있도록 해준다.

소환

궁금증이 생긴 카카오프렌즈가 버튼을 누르면 즉시 큰★별쌤이 나타난다.

소환찬스권
- 20번만 사용 가능
- 단톡방 참여는 횟수 차감 X

차례

 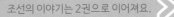

준비가 부족한 것 같으니 내 도움이 필요할 거야. 몰래 따라가 봐야겠다.

불끈

스윽

어떤 인물로 노래를 만들지? 한국사 책이 이렇게 많은데…

사람 시켜서 찾으면 빠를 텐데~

역시 프로도 멋져!

후

까앙

두리번 두리번

난 만화책 보러 갈래.

시간이 없으니 구역을 나눠서 다 같이 찾아보자.

꽈악~

놔 줘!

힝~

근데 구역을 어떻게 나누지?

도서관 사서 선생님께 여쭤보는 게 어때?

쪼리쌤께? 좋은 생각이야!

11

쪼리쌤, 저희가 구역을 나눠서 역사 인물을 찾아 보려고 하는데요. 어떻게 나누면 좋을까요?

선생님한테 도서관 지도가 있거든. 거기에 구역을 나눠서 표시해 줄게.

폴짝

폴짝

감사합니다!

자, 완성됐다. 다들 모여봐.

척

제이지는 어디 있지?

?

음악 듣느라 쪼리쌤 이야기를 못 들었나 보네. 내가 데리고 와야겠다.

두둥!

제이지, 쪼리쌤이 구역 지도를 만들어 주셨어. 역사 인물 찾으러 가자!

라이언, 이 음악 들어볼래? 내가 제일 좋아하는 Jay-Z 힙합이야.

YO~ YO~

둠칫

오~ 정말 좋은데?

두둠칫

정확하게 8개 구역으로 나누셨네요!

쪼리쌤, 근데 여기 × 표시 해 놓으신 구역은 어디에요?

네오	어피치	튜브	×
제이지	라이언	프로도	무지&콘

파앗

거긴 오래된 책들만 모아 놓은 비밀 방이야. 절대 들어가면 안 돼.

쪼리쌤, 무서워요…!

덜덜덜

그나저나 프로도랑 멀리 떨어진 구역이네.

노래 만들 때까지 조금만 참자.

닭살이야, 정말!

아차!

근데 라이언하고 제이지는 왜 안 오지?

음악에 빠져서 시간 가는 줄 몰랐네. 서둘러!

휙~

라이언~ 나랑 구역 바꾸지 않을래?

끼익!

내 구역이 프로도 옆이라서 그렇구나! 알았어~ 바꿔 줄게.

고마워.

오예!

이제 다들 각자 구역으로 가서 역사 인물을 찾아보렴!

다다다다

네!

우리 카카오프렌즈 잘들 찾고 있으려나~

빼꼼

두리번 두리번

내 구역에는 한국사 책이 없는 것 같네… 다른 친구들은 어떨까?

네오, 프로도! 역사 인물 안 찾고 셀카 찍고 있으면 어떡해.

찰칵! 찰칵!

띠용

도서관에 왔으니 인증샷을 찍어야지.

우리 말고 다른 친구들이 열심히 찾고 있을 거야.

헤헤

아닐 것 같은데…

끙

14

뭐야~ 완전 쉽네요. 당장 다 읽을게요!

헤헷

잠깐! 내 말 아직 안 끝났어!

챠아앗

너희가 책을 읽는 만큼 큰별쌤도 탈출문이 있는 마지막 장으로 이동할 수 있어. 단, 책을 읽다 궁금증이 생기면 큰별쌤은 이동할 수 없어. 모든 궁금증을 확실하게 풀어야만 큰별쌤이 책에서 탈출할 수 있을 거야.

한국사는 잘 모르는데…

이럴 줄 알았으면 한국사 공부 열심히 할걸.

띠용

우리끼리 궁금증을 해결할 수 있을까?

울먹 울먹

내가 언제 너희들끼리 해결하라고 했어? 질문하면 되잖아!

불쑥

한 번도 질문해 본 적 없는데…

질문하는 건 왠지 부끄러워.

이제부터라도 궁금한 게 생기면 열심히 질문해 보자.

굼적

우리 중에 한국사를 제일 잘 아는 건 큰별쌤인데. 지금은 책 속에 계시잖아.

휙

질문해도 답을 해줄 수 있는 실력자가 없는데?!

그건 걱정 마셔~
내가 너희에게 꼭 필요한
물건을 줄 테니까!

뒤적··

휙

돌PS

위치

이게 뭐지?
돌인데 시계처럼
버튼이 달려 있네.

시간이
안 적혀 있는데?

돌시계?
난 명품 시계 있는데.

반짝

반짝

무시하지 말라고!
겉으로는 별 볼 일 없는
돌멩이처럼 보이지만
최첨단 기술로 만들어진 거야.
이름하여 돌PS

척!

거기 노란 버튼을 누르면
큰별쌤의 위치와 탈출문까지
얼마나 남았는지를 알 수 있어.

돌PS

위치 소환

두둥!

그리고 하나 더!
이게 바로 최고의 기술이지.
빨간 버튼 보이지?
그걸 누르면 책 속에 있는
큰별쌤과 직접 만나서
대화할 수 있을 거야.

우와아아

이 조그만 버튼을
누르면 큰별쌤을
만날 수 있다고요?

그래. 궁금한 게 생기면
소환 버튼을 눌러 보도록 해.
딱 20번만 큰별쌤을 책에서
소환할 수 있다는 걸 명심해!

둥실~

네, 명심할게요.

아, 참! 마지막으로
하나 더!

둥실~

너희가 궁금증을 확실하게
해결했는지 확인하기 위해 테스트를
할 거야. 만약 그 테스트에서
빵점을 받는다면 큰별쌤은 다시
책의 처음으로 돌아오게 될 거야.
그러니까 대충 하면 안 되겠지?

케케케

헉! 테스트라뇨.
알겠습니다!

떼용!

1

선사

선사 시대에서
해결해야 할 궁금증

큰별쌤 이동 목표

| 25쪽 | 50쪽 | 84쪽 | 118쪽 | 158쪽 |

선사　고대　고려　조선

궁금증을 해결하여 4개의 별을 채우면 큰별쌤이 탈출문에 가까워진답니다.

돌멩이가
중요했던 때가
있었다고요?

밑이 뾰족해서
세울 수가 없는데
그릇이라고요?

청동 거울로
얼굴을
볼 수 있나요?

진짜로
곰이 사람으로
변했나요?

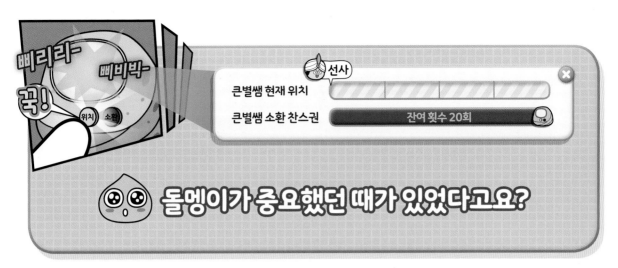

삐리리- 삐비빅- 꾹!

위치 소환

선사

큰별쌤 현재 위치

큰별쌤 소환 찬스권 | 잔여 횟수 20회

돌멩이가 중요했던 때가 있었다고요?

드디어 나왔다!

튜브, 너무 걱정하지 마~

휴~

어피치가 어디로 갔지?

두리번 두리번

놀이터에 갔을 거야.

꺄악~ 너희도 어서 올라와.

때용

어피치!

주르륵

책이랑 돌PS는 어딨어?

저기~ 의자 위에 올려 놨어.

끼익!

어서 책 읽으러 가자.

미끄럼틀 딱 한 번만 더 타고 책 읽으면 어때?

돌멩이가 중요했던
때가 있었다고요?

돌이 만능 도구였던 때가 있었어.

☑ 초3 2학기 사회 > 옛날과 오늘날의 생활 모습

☑ 구석기 시대 | 뗀석기 | 주먹도끼

슈슈슈

꾹!

위치

0%

어피치의 궁금증을 해결해 큰별쌤의 별을 100%까지 채워보아요

짱돌이
최고!

돌을 깨뜨려 만든
도구를 최고로 여겼던 때는
구석기 시대란다.

구석기
시대

인류의 역사는 사람들이 사용했
던 도구의 재료에 따라 석기 시대,
*청동기 시대, 철기 시대로 나눌 수 있어.
석기 시대는 사용한 돌의 특징에 따라 구
석기 시대와 신석기 시대로 나뉘지.

*청동 푸른빛을 띠는 구리

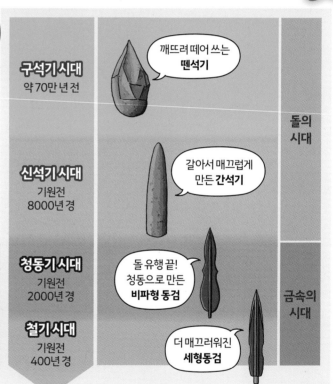

구석기 시대 약 70만 년 전	깨뜨려 떼어 쓰는 **뗀석기**	**돌의 시대**
신석기 시대 기원전 8000년 경	갈아서 매끄럽게 만든 **간석기**	
청동기 시대 기원전 2000년 경	돌 유행 끝! 청동으로 만든 **비파형 동검**	**금속의 시대**
철기 시대 기원전 400년 경	더 매끄러워진 **세형동검**	

돌로 무엇을
할 수 있었는데요?

오잉!

돌로 만든 도구로 많은 것을
할 수 있었어. 나무 껍질을 벗기고,
짐승 사냥도 할 수 있었지.

돌로 만든 도구는
정말 만능이군요.

헤헤

50%

어피치의 궁금증이 해결되어 별이 채워집니다

어떻게 돌로 도구를 만들었죠?

처음에는 쓸모에 딱 맞는 돌 도구를 만드는 데 서툴렀어.

Pick me 만능 주먹도끼!

그래서 단순히 돌을 깨트리거나 적당히 떼어 내서 사용했지. 이렇게 만들어진 뾰족뾰족한 돌 도구를 '뗀석기'라고 불러.

1

2 Pick me 3

점점 돌을 잘 다루게 되자, 특정한 쓰임새에 딱 맞는 모양으로 뗀석기를 만들어 쓰게 되었어.

주먹 도끼는 자르는 날과 찍는 날이 모두 있는 만능 도구란다. 한 손에 꼭 쥐고 사용할 수 있게 만들어졌지.

내가 더 쓸모 있게 만들어 줄게!

무서워!

주먹도끼가 있어 행복해요~

주어진 환경에서 최고의 도구를 만들다니… 대단합니다.

주먹도끼 최고다!

보자기도끼는 없었나 보네.

100%

어피치의 궁금증이 완벽 해결되어 큰별쌤이 이동할 수 있습니다

GO!

꼬옥꼬옥 어피치의 역사노트

오늘 배운 한국사

"구석기 시대에는 돌을 떼어 내서 만든 뗀석기를 사용했어요.

주먹도끼는 한 손에 쥘 수 있는 것이 특징인 구석기 시대의 만능 도구죠."

내가 만든 주먹도끼

기억할 개념 ①

뗀석기 : 돌을 깨뜨리거나 떼어 써서 만든 도구 ⑩ 주먹도끼

29

주먹도끼를 사랑한 만능 사냥꾼

막을 쳐서 만든 막집

나는 사는 곳이 자주 바뀌어!
원래 살던 곳에 먹을 것이 떨어지면
다른 곳으로 이동하거든. 그래서 대부분
큰 동굴이나 바위그늘에서 살아.
나뭇가지로 막을 친 막집에서 살기도 해~

이사를 많이 다녔구나!

사는 곳
동굴, 막집

특기
사냥

아이고, 도망 다니기 힘들어!

보물 1호
주먹도끼

뭐든 할 수 있는 만능 뗀석기

난 최고의 사냥꾼!
맨손보다는 도구로
사냥하면 편해.
여럿이 무리지어 큰곰이나
매머드 같은 짐승을 사냥한 후에
그 고기를 다 같이 나누어 먹지.

보물 2호
슴베찌르개

사냥 도구와 무기로 사용된
뗀석기로, 창처럼 끝을 뾰족하게
만들고 나무 끝에 연결해서 써.
손이 안 닿는 곳까지 찌를 수 있어.

나눠 먹으니 더 맛있는 것 같아!

심쿵 포인트
신상 가죽옷

이 구역의 패셔니스타는 우리지.

멧돼지 가죽을 몸에 걸치면 따뜻하겠지?

내가 더 뾰족해!

앗! 진짜 그러네.

찌르개

슴베

슴베찌르개

주먹도끼

큰별쌤이 어피치, 라이언, 무지를 초대했습니다.

어피치~ 넘어진 데 괜찮니?

괜찮아요♥

큰별쌤, 단톡방에서 대화를 하면
소환 찬스권이 줄어들겠죠?

아니란다. 구석기인이 그러는데
단톡방은 무제한이래.

좋아요! 큰별쌤~

구석기 시대에 그려진 그림이 있다는 게 정말인가요?

구석기인들은 그림을 그려서 자신들의
소망을 표현했단다.

대박! 저 지금 당장 그 그림을 보러 갈래요!

프랑스에서 발견돼서 당장은 못 가ㅠㅠ
당시 사람들이 이런 그림을 그린 이유는 뭘까?

 # 프랑스의 라스코 동굴 벽화   ...

프랑스 도르도뉴 지방에
있는 라스코 동굴의 벽화
로, 100점 이상의 동물
이 그려져 있다. 빨강·검
정·노랑 등의 여러 색을
사용하여 말, 사슴, 들소
등을 그려놓았다.

사냥하고 싶은 동물을 그린 것 같아요!

아마도 그랬을 것 같구나.

구석기인이
그린 동굴 벽화

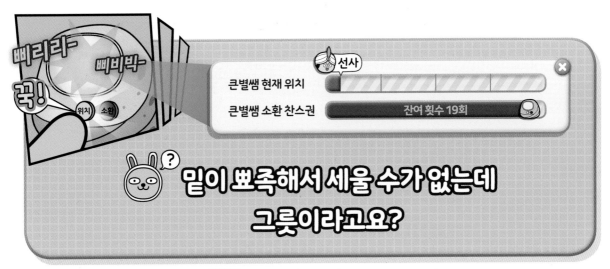

삐리리-
꾹!

삐비빅-

선사

큰별쌤 현재 위치

큰별쌤 소환 찬스권 | 잔여 횟수 19회

위치 소환

밑이 뾰족해서 세울 수가 없는데
그릇이라고요?

두둥!

언제 이렇게
볼이 통통해졌지?

헉!

많이 먹긴 했구나.

짐짐짐

운동하러
가자!

너무 힘들다~
우리 잠깐만 쉬면 안 될까?

헉~

헉~

하나둘
하나둘

벌써?

저기 벤치에서
잠깐만 쉬자!

아이고

그럼 진짜
잠깐만이다.

물렁한 땅에 푹 꽂으면 세워서 사용할 수 있었어.

☑ 초3 2학기 사회 > 옛날과 오늘날의 생활 모습

☑ 신석기 시대 | 농사의 시작 | 빗살무늬 토기

슈슈슈

꾹!

위치

0%

무지의 궁금증을 해결해 큰별쌤의 별을 100%까지 채워보아요

짜잔! 신석기 시대를 대표하는 *토기인 빗살무늬 토기란다. 밑이 뾰족하지.

*토기 음식을 조리하거나 저장하기 위해 쓰인 그릇

날 평평한 곳에는 두지 말아 줘!

앗!

흔들 흔들

신석기 시대 사람들이 밑이 뾰족한 그릇을 만들었던 이유는

당시 사람들의 생활 모습과 관련이 있어.

신석기 시대 사람들은 바닷가나 강가 근처에 살았어. 그 주변의 땅은 모래나 진흙이 많아 물렁했지. 그래서 밑이 뾰족한 그릇을 땅바닥에 푹! 꽂아 사용했단다.

푹

아하!

바닷가를 걸어 보니 땅이 물렁물렁했어요!

50%

무지의 궁금증이 해결되어 별이 채워집니다

신석기인들은 왜 그릇을 만든 거예요?

그건 신석기 시대에 농사가 시작됐기 때문이야.

쓱쓱

그릇은 농사에 필요한 도구 중 하나거든.

34

농사를 지어 수확한 곡식을 저장하거나 요리할 수 있는 그릇이 필요했던 거지.

와구 와구

100%

나라면 남기지 않고 한번에 다 먹었을 텐데.

무지의 궁금증이 완벽 해결되어 큰별쌤이 이동할 수 있습니다 GO!

빗살무늬 토기를 만드는 과정

1

흙과 물을 섞어 점토를 만들어요.

2

점토로 긴 띠를 만들어 쌓아올려요.

3

토기에 빗살무늬를 새겨요.

4

불에 토기를 구우면 완성!

꼬적꼬적 무지의 역사노트

오늘 배운 한국사

"신석기 시대에 만들어진 빗살무늬 토기는 밑이 뾰족했어요.

물렁한 땅에 푹 꽂아 세워서 사용했어요."

기억할 개념 ②

농사의 시작 : 씨를 뿌려 곡식이나 열매를 얻게 됨

빗살무늬 토기 : 수확한 곡식을 담는 등의 용도로 물렁한 땅에 꽂아 세움

빗살무늬 토기는 말이야

밑이 뾰족해도 그릇 맞다니까!

내 집장만 성공

나는 움집에 살아!
움집의 '움'은 구덩이라는 뜻이야.
움집은 먼저 땅을 50~100cm 정도의
깊이로 파고, 기둥을 세워서 짚이나
갈대로 지붕을 덮어서 만들었어.

움집이라는 이름은
땅을 파서 붙여진
이름이구나.

사는 곳
움집

고마운 친구
불

내가 아니면
토기도 없었어!

움집 안에 모닥불 보이지?
신석기 시대 사람들은 불을 피우고 난 자리에
흙이 단단하게 구워지는 걸 보고
흙을 불에 구워서 토기를 만들 생각을 했어.
불이 있어서 내가 만들어진 거지.

절친
가락바퀴

내 절친을 소개할게.
이름은 가락바퀴이고
실을 감아주는 기술이 최고야!
내 친구 덕분에 신석기 시대 사람들이
몸에 꼭 맞는 옷을 입을 수 있었지.

내가 신석기 시대
패셔니스타

나도
옷 잘 입는데~

난네오의
둥근 턱선이
더 좋은걸♡

나도 빗살무늬 토기처럼
브이라인 가지고 싶다!

라이벌
밑이 평평한
빗살무늬 토기

땅에 놓기에는
내가 더
편하지 않을까?

생김새가 나와는 다르게 밑이
평평한 빗살무늬 토기도 있어.
우리나라에서는 지역에 따라
두 가지 모양의 토기가 모두 발견되었지.

36

무지가 콘, 어피치, 네오를 초대했습니다.

애들아, 이 사진 좀 봐!

 아까 책에서 본 빗살무늬 토기네~

빗살무늬는 어떻게 새겼을까?

 빗 🧹 모양이랑 비슷한데?

큰별쌤께 물어봐야지. 내가 큰별쌤을 초대할게!

네오가 큰별쌤을 초대했습니다.

 안녕, 얘들아~~ 무슨 일이야?

궁금한 게 있어요! 아까 알려 주셨던 빗살무늬 토기의 무늬는 어떻게 새겼는지 궁금해요.

 내가 알려 줄 수 있지~ 이 그림 좀 볼래?

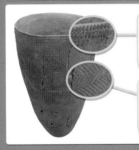

손톱으로 꼭꼭 누른 것 같은 반달무늬

생선 가시로 꾹꾹 새긴 것 같은 가시무늬

 빗으로 새긴 게 아니었군요.

 가늘고 뾰족한 나뭇가지나 뼛조각으로 긋거나 눌러서 무늬를 새겼지.

빗살무늬 토기
무늬의 비밀

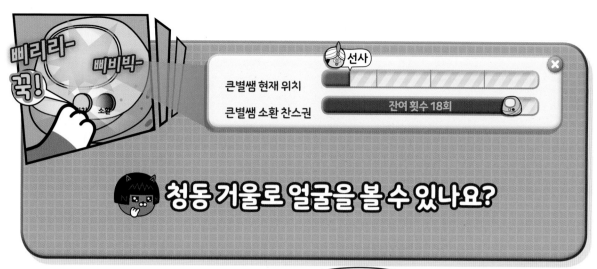

청동 거울로 얼굴을 볼 수 있나요?

네오! 거울 안 봐도 예쁘니까 그만 봐.

계속 봐도 좋은 걸~ 난 내가 제일 좋아♥

나보다도?

네오만큼 거울을 좋아하는 사람은 없을 거야~

여기 있는 것 같은데?

나보다 거울을 좋아하는 사람이 있다고?

응, 이 사람은 목에 거울을 걸고 다녀.

흠 까맣기만 한데… 이 거울로 얼굴이 잘 보일까?

오~ 블랙 한정판 거울인 듯!

네오에게 궁금증이 생겨 큰별쌤이 이동할 수 없습니다

청동 거울로 얼굴을
볼 수 있나요?

꿈!
슈슈슈
위치

볼 수 있어! 단, 아무나 가질 수 없는 거울이었지.

☑ 초5 2학기 사회 > 나라의 등장과 발전

☑ 청동기 시대 | 군장 | 청동 거울 | 계급 사회

0%

네오의 궁금증을 해결해 큰별쌤의 별을 100%까지 채워보아요

지금은 어디서나
쉽게 거울을 볼 수 있지만
청동기 시대에는
그렇지 않았어.

거울의 재료였던
'청동'이 귀한 금속이어서
아무나 가질 수 없었거든.
어떤 사람이 거울을
가질 수 있었을까?

저처럼 돈이 많은
사람 아닐까요?

아니면 나같이
예쁜 사람?

샤랄라

반짝

힘센 지배자만이 거울을
가질 수 있었단다.
청동기 시대에 농사
기술이 발달하면서 배불리
먹고도 남을 만큼 곡식이
많이 생산되었어.

권력을 가진 사람이 남은 곡식을
모두 차지하여 다른 사람을
지배하는 위치에 올랐지.
부족을 다스리는
군장(=족장)이 된 거야.

지배자만 거울을
가질 수 있다니…
청동기 시대에
태어나지 않아서
다행이야.

충격과 공포

30%

네오의 궁금증이 해결되어 별이 채워집니다

*부족 여러 마을이 뭉쳐서 이룬 공동체

*군장 부족의 지도자. 여러 부족을 합쳐 이끄는 지도자를 군장이라 함

군장은 햇빛에 반사되어 번쩍 빛나는 청동 거울을 목에 걸고 다녔어. 그 모습을 본 사람들은 군장이 특별한 존재라고 믿은 거야.

마법 거울 같앙♥

빛 발사~ 나도 힘센 군장이다!

번쩍

번쩍

네오의 궁금증이 해결되어 별이 채워집니다 70%

청동으로 만든 다른 도구는 없었나요?

청동 농기구를 만들지 않았을까?

농사를 짓는 데에는 여전히 돌과 나무로 만든 도구가 쓰였어.

청동으로는 제사 도구나 지배자의 무기를 만들었지.

군장 등 지배자들은 무기를 이용해 세력을 키워 나갔어. 다른 부족과 전쟁을 벌이기도 했지. 전쟁에서 이기면 패배한 부족의 사람들을 노비로 삼고, 땅과 곡식을 차지했어. 이때부터 *계급 사회가 시작된 거야.

100%

챙

챙

와아아아

우다다다

네오의 궁금증이 완벽 해결되어 큰별쌤이 이동할 수 있습니다 GO!

네오의 역사노트

오늘 배운 한국사

"청동 거울은 힘이 센 지배자만이 가질 수 있었어요."

기억할 개념 ②

청동기 : 구리에 주석 등을 섞고 불에 녹여 만든 것으로, 무기나 장신구 등으로 쓰임

군장 : 여러 부족을 다스리는 지도자

*계급 사회 지배를 하는 사람과 지배를 받는 사람으로 나뉜 사회

부족에서 가장 힘센 지배자

난 군장의 집이야.

나보다 훨씬 크네.

나는 우리 부족에서 가장 큰 움집에 살아. 직사각형 모양으로 바닥을 얕게 파고, 벽을 만들어서 지붕을 높였지.

사는 곳
움집

제단

망루

해자

목책

군장의 집

잘한 일
목책, 해자, 망루를 만든 일

부족 사람들을 지키기 위해 마을 둘레를 따라 깊게 판 도랑인 해자와 나무로 만든 울타리인 목책을 만들었어. 또 멀리까지 잘 볼 수 있도록 망루를 높게 지어 다른 부족을 감시했지. 우리 부족을 쉽게 공격하지 못할 거야.

군장이 죽으면 고인돌이라는 거대한 무덤을 만들어. 군장의 힘이 셀수록 무덤도 커지지. 고인돌을 어떻게 만드는 지 알려줄게.

소원
큰 고인돌 세우기

힘들었겠다.

1

미리 파 둔 구덩이에 굄돌 세우기

2

흙을 덮어 언덕 만들기

3

통나무를 이용해 굄돌 위에 덮개돌 올리기

4

덮었던 흙을 파내고 굄돌 사이에 시신을 넣어 고인돌 완성

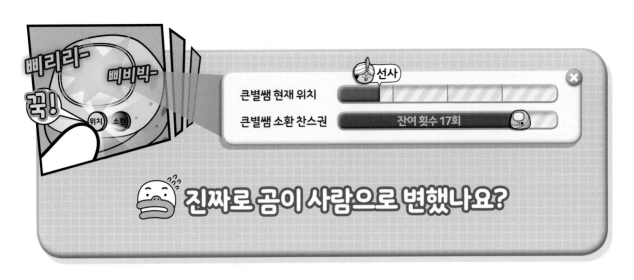

진짜로 곰이 사람으로 변했나요?

지루해.

큰별쌤이 안 계셔서 그런 것 같아.

끄응

여기 있었구나!

한참 찾았어~

후타닥

큰별쌤 보고 싶어~

어피치, 울지 말고 책 읽자.

울먹 울먹

뚝!

우릴, 왜?

헉!

무슨 일 있어?

후유~

책이 없어진 줄 알고 깜짝 놀랐거든.

튜브가 미친 오리로 변할 뻔했어.

진짜로 곰이 사람으로 변했나요?

그대로 믿을 수는 없지만 **그 속에 담겨 있는 의미**가 중요하단다.

✅ 초5 2학기 사회 › 나라의 등장과 발전

✅ 단군왕검 | 고조선

0%

튜브의 궁금증을 해결해 큰별쌤의 별을 100%까지 채워보아요

곰이 사람으로 변했다니 믿기지 않지? 옛날이야기 하나 들려줄게.

하늘 나라 임금의 아들 환웅이 비, 바람, 구름을 다스리는 신하들과 인간 세상에 내려왔어.

어느 날, 환웅에게 곰과 호랑이가 사람이 되고 싶다며 찾아왔어.

환웅은 햇빛을 보지 않고 쑥과 마늘만 먹어야 한다고 했지. 호랑이는 참지 못하고 뛰쳐나갔어.

이건 고기야… 맛있는 고기야…

어머낫!

곰이 사람이 되었다니… 이거 실화예요?

잘 참은 곰은 여자가 되어 환웅과 결혼했어. 둘 사이에 태어난 아들이 훗날 고조선을 세운 단군왕검이란다.

이 이야기는 고조선의 건국 *신화야.
이러한 건국 이야기에는 숨겨진 의미가 있단다.

잘 자라거라.

환웅이 데려온 세 신하를 통해 고조선이 농사를 중요시했다는 걸 알 수 있어.

*신화 옛날부터 전해 내려오는 신이나 영웅들에 관한 신비한 이야기

튜브의 궁금증이 해결되어 별이 채워집니다 50%

왜 하필 곰과 호랑이가 신화에 나왔나요?

초롱!

옛날 부족들은 곰과 호랑이 같은 큰 동물의 강한 힘을 닮고 싶어서 그 동물을 섬겼어.

환웅과 웅녀가 결혼한 이야기는 환웅 부족이 곰 부족과 연합하여 큰 세력이 되었다는 것을 뜻한단다.

결혼으로 힘을 모아 부족 합체!

이얍

호호호

꾸벅~

100%

튜브의 궁금증이 완벽 해결되어 큰별쌤이 이동할 수 있습니다 GO!

튜브의 역사노트
꼼꼼 꼼꼼

오늘 배운 한국사

"고조선은 농사를 중시했어요. 곰과 호랑이 같은 큰 동물의 강한 힘을 닮고 싶어 한 옛날 부족들은 그 동물을 섬겼어요."

기억할 개념 ①

고조선 : 단군왕검이 세운 우리나라 최초의 국가

45

단군왕검은 말이야

우리나라 최초의 국가인 고조선의 통치자

훗날, 나이성계가 고조선을 계승한 조선을 건국했어.

이성계 님?! 처음 보는 분인데…

'단군'은 제사장, '왕검'은 정치적 지도자를 뜻해. 단군왕검은 나만의 이름이 아니야. 내 뒤를 이은 고조선의 지도자 모두를 단군왕검이라고 불렀어.

이름의 뜻
내가 하는 일과 관련 있음

단군왕검 님~

접니다~

건국한 나라
고조선

나요!

우리나라의 법
사회 질서를 유지하기 위한 8개의 법

나예요.

나도!

고조선에는 8조법이 있었어. 그중 3개만 알려 줄게. 사람을 죽인 사람은 사형에 처하고, 남에게 상처를 입힌 사람은 곡식으로 갚아야 했으며, 도둑질한 사람은 노비가 되었어. 죄를 면하려면 많은 돈을 내야 했단다.

나이
1500살?

내가 1500년 동안 나라를 다스렸다는 이야기 들어 봤니? 사실 내가 1500살까지 살았다는 건 아니고, 고조선을 지배했던 단군왕검들이 오랫동안 나라를 다스렸다는 의미야.

죽기 싫어요!

곡식으로 갚을게요.

노비 되기 싫어요!

살인

폭력

도둑질

1500살? 농담이시죠?

HA HA HA

튜브가 라이언, 어피치, 제이지를 초대했습니다.

오늘 흥분한 모습 보여서 미안해.

 괜찮아. 네 궁금증 덕분에 큰별쌤이 다음 단계로 넘어가셨잖아.

 큰별쌤은 어디쯤 계신지 초대해서 물어보자.

어피치가 큰별쌤을 초대했습니다.

 안녕!

 큰별쌤📱 지금 어디에 계세요?

 위만이 고조선을 다스리는 철기 시대까지 이동했지.

위만이 누구예요?

 아, 위만은 중국 연나라에서 고조선으로 넘어와 왕이 된 사람이야.

> **# 위만** ...
>
> 중국이 혼란스러워지자 위만은 1,000여 명의 사람들을 이끌고 고조선으로 들어왔다. 위만은 고조선 준왕의 신임을 받아 국경을 지키는 역할을 맡았다. 힘이 세진 위만은 준왕을 몰아내고 왕위를 차지하였다. 이때부터의 고조선을 위만 조선이라고도 부른다. 위만은 중국의 철기 문화를 적극적으로 받아들였고, 영토도 크게 넓혔다.

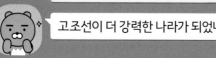 고조선이 더 강력한 나라가 되었네요!

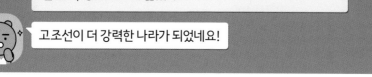
준왕을 몰아내고 왕이 된 위만

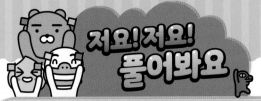

저요! 저요! 풀어봐요

1 구석기 시대의 대표적인 유물은 무엇일까요?

청동으로 만든 비파형 동검 / 뗀석기인 주먹도끼 / 빛나는 청동 거울 / 곡식을 저장한 빗살무늬 토기

2 신석기 시대에 대한 설명으로 옳은 것은 무엇일까요?

계급 사회가 시작됐어. / 청동으로 무기나 장신구 등을 만들었어. / 농사를 짓기 시작했어. / 주먹도끼를 처음 만들어 사용했어.

3 청동기 시대에 대한 설명으로 옳지 않은 것은 무엇일까요?

청동으로 농기구를 만들었어. / 계급이 생겼어. / 여러 부족을 다스리는 군장이 등장했어. / 지배자의 무덤인 고인돌을 만들었어.

48

4 단군 신화에 대한 설명으로 옳은 것은 무엇일까요?

호랑이가 사람으로 변했어!

환웅과 웅녀가 결혼해 단군왕검이 태어났어.

알에서 태어난 단군왕검이 고조선을 세웠어.

고조선이 농사를 중시하지 않았음을 알 수 있어.

5 고조선의 8조법을 어긴 사람과 그에 알맞은 처벌을 바르게 연결해 보세요.

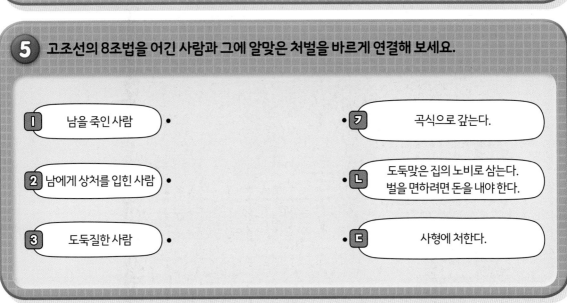

ㅣ 남을 죽인 사람

2 남에게 상처를 입힌 사람

3 도둑질한 사람

ㄱ 곡식으로 갚는다.

ㄴ 도둑맞은 집의 노비로 삼는다. 벌을 면하려면 돈을 내야 한다.

ㄷ 사형에 처한다.

6 맞는 문장에는 〇, 틀린 문장에는 ✕를 써 보세요.

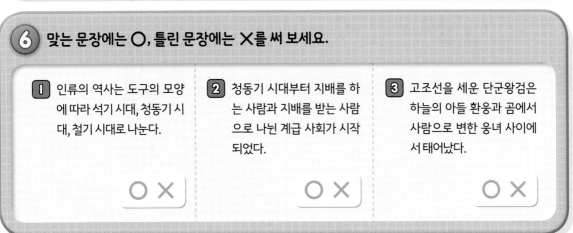

ㅣ 인류의 역사는 도구의 모양에 따라 석기 시대, 청동기 시대, 철기 시대로 나눈다.

〇 ✕

2 청동기 시대부터 지배를 하는 사람과 지배를 받는 사람으로 나뉜 계급 사회가 시작되었다.

〇 ✕

3 고조선을 세운 단군왕검은 하늘의 아들 환웅과 곰에서 사람으로 변한 웅녀 사이에서 태어났다.

〇 ✕

저요! 저요! 맞춰봐요

궁금증을 해결했는지 한번 확인해 볼까?

정답

①  네오

②  튜브

③  무지

④  어피치

⑤
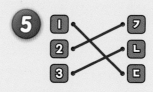

⑥ ① ✕　② ○　③ ○

구석기인! 결과를 알려 주세요!

빵점 맞으면 큰별쌤이 책의 처음으로 돌아간다고 했지?

설마 통과 못 한 건 아니죠?

헷갈리는 게 있긴 했는데…

결과는… 통과야!
제법인데?
큰별쌤이 고대로 이동하게 됐어.

오예~

첫 번째 테스트를 무사히 통과하다니 놀라운걸?
선사 시대를 지나기 전에 한 가지는 기억해 줘.
선사 시대를 옛날이라고 무시하지 말 것.
선사 시대 사람들도 그때 그 시절,
당시 환경에 맞게 최선을 다해 살았거든.

진짜요? 정말 기뻐요!

2 고대

고대에서
해결해야 할 궁금증

알에서
태어난 사람이
있다고요?

큰별쌤 이동 목표

25쪽	50쪽	84쪽	118쪽	158쪽
선사	고대	고려		조선

궁금증을 해결하여 5개의 별을 채우면 큰별쌤이 탈출문에 가까워진답니다.

왜 삼국은
한강을 두고
다투었나요?

무덤 속에
보물이
있다고요?

가장 늦게
발전한 신라가
삼국 통일의
최후 승자가
되었다고요?

발해가
고구려를
계승했다고요?

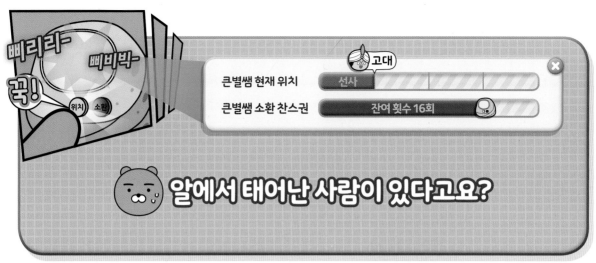

삐리리- 삐비빅- 꾹!

위치 소환

고대

큰별쌤 현재 위치	선사
큰별쌤 소환 찬스권	잔여 횟수 16회

알에서 태어난 사람이 있다고요?

비몽 사몽

무지,
눈 좀 떠 봐!

눈 뜨고 있는 거야.

어젯밤에
늦게까지
책을 봤더니
졸리네.

하늘을 봐!
잠이 깰 거야.

쌔앵~

우아!

파랑새 이쁘다.

나도 날고 싶어.
훨훨 높이!

나도 새처럼
자유롭게 날고 싶어.

사람도 알에서
태어나면 새처럼 하늘을
날 수 있을까?

에이~

알에서 사람이
태어날 수가 없잖아.

파닥

파닥

알에서 태어난
사람 있어.
책에서 봤거든.

알에서 태어난
사람이 있다고?

띠용

라이언에게 궁금증이 생겨 큰별쌤이 이동할 수 없습니다

콰당!

알에서 태어난 사람이 있다고요?

삼국과 가야의 건국 이야기로, 숨겨진 의미가 있어!

☑ 초5 2학기 | 사회 〉 나라의 등장과 발전

☑ 주몽 | 박혁거세 | 김수로

라이언의 궁금증을 해결해 큰별쌤의 별을 100%까지 채워보아요 0%

사람이 알에서 태어났다고 하니 고조선의 건국 이야기인 단군왕검만큼 신기하지?

고구려를 세운 주몽, 신라를 건국한 박혁거세, 가야를 세운 김수로가 알에서 태어났다는 신화가 전해지고 있어.

알에서 태어난 박혁거세 - 신라

경주에는 여섯 명의 촌장이 다스리는 여섯 마을이 있었어. 어느 날 우물가 옆에서 말의 울음소리가 들렸어.

사람들이 몰려들자 말은 하늘로 올라갔고, 그 자리엔 붉은 알이 하나 남아 있었지.

알을 깨보니 그 알에서 사내아이가 나왔고, 아이를 목욕시키니 몸에서 빛이 나고 하늘과 땅이 흔들리더래.

아이가 박처럼 생긴 알에서 나왔다고 해서 성을 **박** 씨, '세상을 밝게 하라'는 뜻으로 **혁거세**라 이름 지었지.

53

알에서 태어난 여섯 왕 – 가야

거북아 거북아 머리를 내밀어라
내밀지 않으면 구워 먹으리

어느 날 구지봉이란 봉우리에서
소리가 들려왔어.
"이 노래를 부르면서 춤을 추면
왕을 맞게 될 것이다."
아홉 마을을 다스리던 촌장들은
노래를 부르며 춤을 추었어.

그랬더니 하늘에서 붉은 보자기로 싼
황금 상자가 내려왔지.
황금 상자를 열어보니 그 안에는 태양처럼
둥근 여섯 개의 황금알이 들어 있었어.
가장 먼저 태어난 아이인 김수로는
금관가야의 왕이 되었고, 나머지 다섯 아이도
각각 다섯 가야의 임금이 되었어.

왕 신기

왕도 사람인데,
알에서 태어나다니
놀라워요!

푸쉬쉿!

사람이 알에서
태어나다니.

알에서 태어났다는 건
중요한 의미를 담고 있어.

50% 라이언의 궁금증이 해결되어 별이 채워집니다

알은 태양을 상징한다고 해!
알에서 태어난 사람을 태양처럼
빛나고 신비로운 존재임을
나타내려 한 거야.

우리가 닮았다고?

얼핏 보면
같아.

하늘의 뜻이랍니다.

새는 가서 왕에게
내 뜻을 전하거라.

옛날 사람들은 새가
하늘과 사람을 이어
준다고 믿었단다. 새가 낳은
알에서 태어난 사람이 새처
럼 하늘의 뜻을 전한다고 생
각했지.

백성들은 알에서 태어난 왕이 하늘에서 보낸 거라 믿고 따른 거군요.

엄지척

100%

백성들이 왕을 존경하고 따르게 하기 위해 나라를 세운 왕들이 특별한 능력을 가진 존재라는 걸 강조한 거지.

라이언의 궁금증이 완벽 해결되어 큰별쌤이 이동할 수 있습니다

GO!

이햐

알에서 태어난 왕이 가진 특별한 능력이란 게 뭐죠?

박혁거세는 열세 살에 왕이 되어 나라를 다스렸고, 김수로도 태어난 지 열흘 만에 다 자랐단다.

하하하

그리고 주몽의 특별한 능력이 궁금하다면 한 장을 넘겨 봐.

우와아~

꼬적 꼬적

라이언의 역사노트

오늘 배운 한국사

"삼국과 가야의 건국 이야기는 나라를 세운 왕들이 특별한 능력을 가진 존재라는 걸 강조하기 위해 만들어졌어요."

기억할 개념 ① 건국 이야기

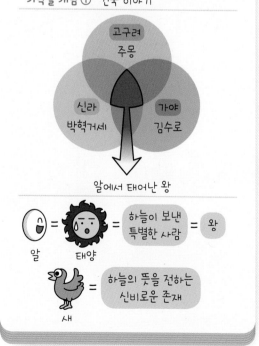

고구려
주몽

신라
박혁거세

가야
김수로

알에서 태어난 왕

알 = 태양 = 하늘이 보낸 특별한 사람 = 왕

새 = 하늘의 뜻을 전하는 신비로운 존재

*백발백중! 화살의 신

우리 엄마는 물의 신 하백의 딸 유화이고, 우리 아빠는 하늘의 아들 해모수야.
엄마는 할아버지 몰래 아빠와 만나다가 쫓겨났어.
쫓겨난 엄마를 부여의 금와 임금이 부여로 데려왔고,
얼마 후에 내가 태어났지.
금와 임금에게는 이미 7명의 왕자가 있었어.

물의 신   하늘

데려감   유화   해모수

금와

가족 관계
엄마, 아빠, 형 7명

형1   형2   형3   형4   형5   형6   형7   주몽

나는 어릴 때부터 활쏘기를 잘하고 똑똑했어.
형들은 나를 질투했고, 나는 형들에게서
도망쳐 졸본에서 고구려를 세웠어.

세운 나라
고구려

형들을 피해 도망가다가 큰 강을 만나 오도 가도
못 한 적이 있었어. 난 하늘에 도움을 청했지.
그러자 물고기와 자라가 모여 다리를 만들어
주었고 무사히 강을 건널 수 있었어.

다행이야.

물고기와 자라도
나를 알아보는군.

아이고, 허리야~

제 단단한
등껍질을 밟고
건너시죠.

좋아하는 동물
물고기, 자라

*백발백중 백 번 쏘아 백 번 맞힐 만큼 활이나 총을 잘 쏜다는 뜻

콘이 큰별쌤, 무지, 라이언을 초대했습니다.

고구려 왕도, 신라 왕도, 가야 왕도 신비한
이야기를 갖고 있잖아요. 백제 왕은요?

 콘 예리한 질문이야. 칭찬해♥♥

 백제는 고구려를 세운 주몽의 아들인
온조가 세운 나라란다.

백제의 건국 신화 ⋯

온조는 아버지인 주몽
이 부여에서 건너온 유
리를 자신의 후계자로
지목하자 형인 비류와
함께 고구려를 떠나기
로 결심하였다. 제 힘으로 나라를 세우고 싶었던 온조는 지
금의 한강 근처에 있는 위례성에 나라를 세웠다. 형인 비류
도 지금의 인천 근처인 미추홀에 나라를 세웠으나 얼마 뒤 비
류가 세상을 떠나자 온조는 비류의 백성을 받아들이고, 나라
이름을 백제로 바꾸었다.

 요약하면 백제는 한강 주변에 온조가
세운 나라라는 거네요.

아 참, 라이언도 아프리카 왕위 계승자잖아?

 나도 태어날 때부터 예사롭지 않았지.

백제의
건국 신화

⊕ ☺ #

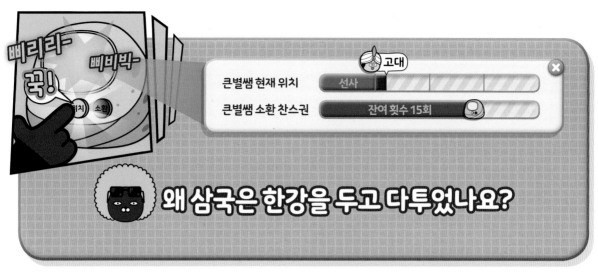

삐리리-
꾹!
삐비빅-

| 큰별쌤 현재 위치 | 선사 | | 고대 |
| 큰별쌤 소환 찬스권 | 잔여 횟수 15회 | |

왜 삼국은 한강을 두고 다투었나요?

한국사는 어려워.

처음이라 그럴 거야.

끄응

드르륵

얘들아!
한강에
놀러 가자.

책부터
읽어야 하는데…

우물 쭈물

날씨 엄청
좋은데…

츄롱

햇빛에 반짝이는
한강을 큰별쌤께
보여 드리고 싶어.

좋은 생각인데?

책 속에만
있으시니
답답하실 거야.

그렇게 깊은 뜻이!

대박

우리끼리 가기엔
멀 거야.

걱정 마!
쪼리쌤이 계시잖아.

제이지에게 궁금증이 생겨 큰별쌤이 이동할 수 없습니다

59

왜 삼국은 한강을
두고 다투었나요?

한강 유역을 차지하면
나라를 발전시킬 수
있었기 때문이야.

☑ 초5 2학기 사회 > 나라의 등장과 발전

☑ 한강 | 근초고왕 | 광개토 대왕 | 장수왕 | 진흥왕

0%

제이지의 궁금증을 해결해 큰별쌤의 별을 100%까지 채워보아요

삼국 시대에는 한강 유역을
차지하기 위해 치열한
전투가 벌어졌어.

왜 그렇게
서로 한강 유역을
차지하려고 했을까?

한강이 머길래

첫째, 한강은 한반도의
중심에 위치하고,
주위에 넓은 땅이 있어
농사짓기에 유리했어.

한강

농사를 짓기가 좋아서
한강 주위에 사람들이
많이 살았을 것 같아요.

30%

제이지의 궁금증이 해결되어 별이 채워집니다

둘째, 뱃길을 통해
한반도 곳곳으로 물건을
옮기기도 편했어.

강원도로
출발!

충청도로
간다!

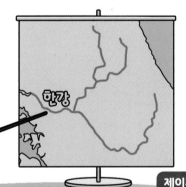

우리도 강원도까지
가 볼까?

아니, 무리야.

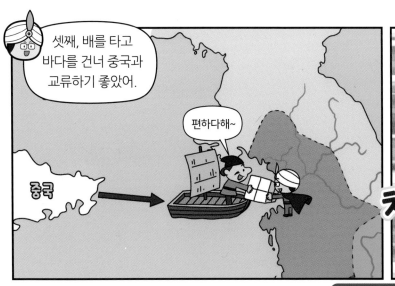

셋째, 배를 타고 바다를 건너 중국과 교류하기 좋았어.

편하다해~

중국

한강은 나라의 발전을 위해 꼭 필요한 곳이군요.

척

제이지의 궁금증이 해결되어 별이 채워집니다 70%

삼국이 왜 한강 유역을 두고 전쟁을 벌였는지 알겠지? 삼국 모두 한강을 차지했을 때 *전성기를 누렸어.

*전성기 어떤 집단의 힘이 가장 강하던 시기

전성기라면 이런 느낌이겠군.

짜

잔

백제가 한강 주변에 세워진 나라였던 거 기억나지?

삼국 중 가장 먼저 한강을 차지한 나라는 백제야. 그 다음은 고구려, 마지막으로 신라가 차지했지.

첨벙

신라

첨벙

고구려

백제

부아앙

아하!

삼국이 한강 유역을 차지한 순서가 삼국의 전성기 순서와 똑같군.

뜨억

고구려, 백제, 신라의 어떤 왕이 한강을 차지했었나요?

61

*4세기 백제의 전성기

백제는 근초고왕 때 전성기를 맞이했어. 근초고왕은 남쪽으로 땅을 넓히고 고구려를 공격해 북쪽으로 진출했어. 그리고 이웃 나라와 활발히 교류했지.

5세기 고구려의 전성기

광개토 대왕과 장수왕이 고구려의 전성기를 이끌었어. 광개토 대왕은 요동까지 땅을 넓혔고, 장수왕은 평양으로 *천도하고 남쪽으로 영토를 넓히는 데 집중했어.

6세기 신라의 전성기

신라는 두 나라에 비해 발전이 더뎠지만, 진흥왕 때 전성기를 맞이했어. 진흥왕은 백제와 힘을 합쳐 고구려를 한강 주변에서 몰아낸 다음 다시 백제를 공격해 한강을 차지했어.

100%

*세기 백 년을 단위로 하는 기간   *천도 수도를 옮김

제이지의 궁금증이 완벽 해결되어 큰별쌤이 이동할 수 있습니다 GO!

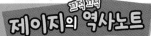
제이지의 꼼꼼 꼼꼼 역사노트

오늘 배운 한국사

"고구려, 백제, 신라는 한강을 차지했을 때 전성기를 누렸어요."

기억할 개념 ③ 전성기를 누린 왕

백제 근초고왕 : 남쪽, 북쪽으로 영토를 넓히고 이웃 나라와 활발히 교류함

고구려 장수왕 : 평양으로 수도를 옮기고 남쪽으로 영토를 넓힘, 백제의 한성을 공격하여
　　　　　　　 함락시킴

신라 진흥왕 : 백제와 연합해 고구려를 공격하여 한강 상류 차지, 다시 백제를 공격해
　　　　　　　 한강 유역을 차지함

장수왕은 말이야

평양으로 수도를 옮긴 고구려의 왕

활동 시기
5세기

영화 '5세기' 전격 개봉!

단독 주연 장수왕

413년에 왕이 되어 491년에 죽을 때까지 약 80년 동안 고구려를 다스렸어. 5세기 전체를 나의 시대라고 부를 만하지!

가장 잘한 일
평양 천도

원래 고구려의 수도는 국내성이었어. 나는 수도를 평양으로 옮기고 남쪽으로 영토를 더욱 넓혔지. 백제의 수도인 한성을 공격해 승리하여 한강 유역을 내 손에 넣었어.

평양 천도는 장수왕의 결정적 한 수

가족
내 아버지는 광개토 대왕

나는 영토를 크게 넓힌 아버지의 업적을 기리기 위해 비석을 세웠어. 비석의 이름은 광개토 대왕릉비야. 높이는 약 6.39미터, 무게는 약 37톤에 이르는 우리나라 비석 중 가장 큰 비석이지.

아버지를 향한 장수왕의 마음이 느껴지네요.

장수왕 나가신다~ 길을 비켜라!

남쪽까지 영향력을 확대하자!

이제 한강은 내 꺼!

국내성

고구려

평양

힘을 합쳐 고구려에 맞서자!

백제

가야

신라

63

삐리라—
뀩!

삐비빅—

위치 | 소환

고대

큰별쌤 현재 위치 : 선사

큰별쌤 소환 찬스권 : 잔여 횟수 14회

무덤 속에 보물이 있다고요?

꺄악

엄마야!

무… 무서워.

심장 떨어질 뻔했어.

흐흐흐흐

깜짝

무덤에서 귀신이 스륵 나왔을 때 무서웠어.

더 이상 책을 볼 수 없을 것 같아.

덜덜덜

책을 왜 못 봐?

책에 무덤이 그려져 있었거든.

무덤 이야기 그만!

책에는 분명 무덤에 귀신이 아니라 보물이 있다고 했는데….

무덤에 보물이 있다고?

명품이 들어 있나?

프로도에게 궁금증이 생겨 큰별쌤이 이동할 수 없습니다

꽝당!

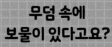

무덤에서 당시의 모습을 알 수 있는 보물이 발견되었어.

✅ 초5 2학기 사회 > 나라의 등장과 발전

✅ 고구려 벽화 | 천마도 | 무령왕릉

프로도의 궁금증을 해결해 큰별쌤의 별을 100%까지 채워보아요 0%

음~ 커피 향 좋다.
프로도 덕분에
카페로 소환되었네.

삼국의 무덤은 우리에게
많은 것을 알려 주지.
그러니 보물 창고라
할 수 있단다.

수천 년의 시간을 넘어
무덤의 문이 열리는 순간
고구려와 신라의 역사가
되살아나리라!

오홍~
마법의 주문인가요?

와아~

고구려 무덤에서 발견된 *벽화란다. 고구려 사람들은 죽은 사람이
하늘나라에 가서 잘 살기를 바라며 무덤 속에 그림을 그렸지.

무용총 *수렵도

무용총 무용도

*벽화 동굴, 무덤 등의 벽이나 천장에 그린 그림

*수렵도 사냥을 하는 모습을 그린 그림

무용총 수렵도는 말이야

구불구불한 산

산 크기가 사람보다 작지? 당시에는 그림을 그릴 때 중요하게 생각하는 것을 사물의 실제 크기보다 크게 그린 것 같아.

고구려 사람들의 사진첩 같네요.

고구려인의 씩씩한 기상이여!

무용총 무용도는 말이야

무용총을 춤무덤이라고도 부른대요~

말을 탄 무덤 주인 앞에서 점무늬 옷을 입은 사람들이 흥겹게 춤을 추는 모습을 그렸어.

프로도의 궁금증이 해결되어 별이 채워집니다   50%

신라에서 가장 유명한 돌무지덧널무덤

고구려와 백제는 돌로 방을 만들고 그 안에 관과 유물을 묻은 반면 신라는 나무로 방을 만들고, 그 위에 돌을 쌓은 뒤 다시 흙을 덮었지. 그게 바로 나 돌무지덧널무덤이야. 파헤치기 쉽지 않아 도둑들이 유물을 훔쳐가지 못했어.

훔쳐가기 쉽네~

돌방

벽화

관

계속 파도 끝이 없네!

고구려, 백제의 무덤 구조

신라의 무덤 구조

장점
파헤치기 어려운 구조

신라의 보물을 도둑맞지 않아서 다행이야.

돌무지

흙

나무 방

관

좋아하는 그림
*말다래에 그린 천마도야.

천마총이라는 이름에서 알 수 있지만, 내 속에서 천마도가 발견됐어. 무덤에서 발견됐다고 해서 벽화라고 생각하면 안 돼.

절친
호우총과 호우명 그릇

호우총은 경주에 있는 무덤으로, 무덤에서 호우명 그릇이 발견되어 붙여진 이름이야. 그릇 밑에는 광개토 대왕이라는 글자가 적혀 있어. 신라의 무덤에서 고구려의 그릇이 발견된 걸 보면 두 나라의 관계를 알 수 있지.

말다래 예쁘지?

난 천마총에서 발견된 금관이 제일 마음에 들어.

이봐, 내물왕 나 광개토 대왕이 도와줬으니 이거 무덤에 넣어.

도와준 건 고맙긴 한데, 참견은 이제 그만~

*말다래(=장니) 말을 탄 사람의 옷에 흙이 튀지 않도록 말의 안장 양쪽에 늘어뜨려 놓은 기구

신라 천마총에서는 왕관, 목걸이 등 금으로 만든 장신구와 하늘을 나는 듯한 말이 그려진 천마도가 발견됐어.

금 장신구는 저랑 어울려요. 금은 프로도 스타일!

반짝

우훗~

반짝

신라의 장신구

천마총 금제 허리띠(국보 제190호)

허리띠에 매달린 물고기 모양의 장식품

천마총 관모(국보 제189호)
천마총에서 나온 순금 관모로, 모자로 추정됨

허리띠는 가죽이나 비단으로 만든 긴 띠에 금으로 된 작고 얇은 판들을 붙여서 만들었지.

고구려 무덤에서는 벽화가, 신라 무덤에서는 금 장식 등의 보물이 발견되었어. 수천 년의 시간이 지나 발견된 유물을 통해 당시 모습을 엿볼 수 있으니 보물 창고라 부를 만하지.

100%

GO!

프로도의 궁금증이 완벽 해결되어 큰별쌤이 이동할 수 있습니다

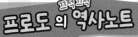

프로도의 역사노트

오늘 배운 한국사

"무덤에는 당시 모습을 알 수 있는 유물이 묻혀 있었어요. 그러므로 무덤은 보물 창고."

기억할 개념 ②

고구려 벽화 : 고구려 무덤의 벽과 천장에 그린 그림 (예) 무용총 수렵도·무용도

천마도 : 천마총에서 발견된 말다래에 그려진 그림 벽화 X

큰별쌤이 프로도, 네오, 튜브를 초대했습니다.

얘들아~ 책 덮은 거니? 쌤 이야기 아직 안 끝났는데~

 보물이 있는 무덤이 더 있나요?

응. 그중에서도 백제의 무령왕릉은 도굴되지 않고 발견되서 많은 유물이 무덤에 그대로 남아 있었어.

1971년 발굴 당시의 무령왕릉 사진

무덤의 발굴이 시작되는 모습이야.

 헐 무서워~

 얼마나 많은 보물, 아니 유물이 발견됐죠?

무령왕릉의 구조를 살펴보면 알 수 있단다.

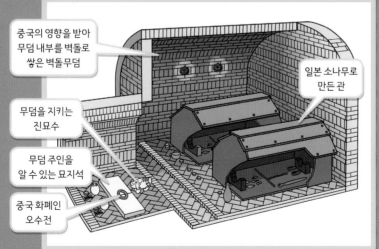

중국의 영향을 받아 무덤 내부를 벽돌로 쌓은 벽돌무덤

일본 소나무로 만든 관

무덤을 지키는 진묘수

무덤 주인을 알 수 있는 묘지석

중국 화폐인 오수전

백제의 진귀한 보물 창고 무령왕릉

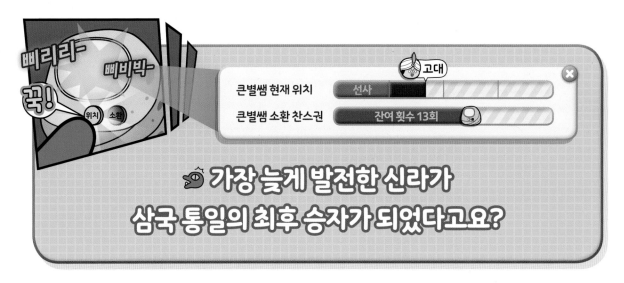

삐리리- 삐비빅- 꾹!

위치 소환

고대

큰별쌤 현재 위치　선사

큰별쌤 소환 찬스권　잔여 횟수 13회

🐦 가장 늦게 발전한 신라가
삼국 통일의 최후 승자가 되었다고요?

두두둥

자, 준비됐지?

얼른 시작하자고!

훗

저 팀에 콘이 있어서
우리가 유리해.

콘은 작으니까.
ㅋㅋㅋ

히힛

과연 그럴까?
어쨌든 시작한다.
피구 시~작!

슈 앙

불꽃 파워
콘부터 아웃!

가장 늦게 발전한
신라가 삼국 통일의
최후 승자가 되었다고요?

**고구려가 약해진 틈을 타
신라는 당과 힘을 합쳐
삼국을 통일하지.**

☑ 초5 2학기 사회 › 나라의 등장과 발전

☑ 삼국 통일의 과정 | 김춘추 | 김유신

꾹! 슈슈슈

콘의 궁금증을 해결해 큰별쌤의 별을 100%까지 채워보아요   0%

출발이 늦었다고 항상
꼴찌를 하는 건 아니야.

신라의 *역전이 가능했던 이유
① 고구려의 국력이 약해졌을 때
② 신라가 당과 힘을 합했기 때문

지금은
숨 고르기중

헉헉

신라

고구려

1등
다다다

백제

신라가 백제를 공격해 한강을
독차지한 이후 백제 의자왕의 신라
공격은 지칠 줄 모르고 계속되었지.

궁지에 몰린
신라의 선택은?

반드시
백제의 치욕을
갚아주리.

깜짝

신라

신라도 이렇게
끝나는 걸까.

흑흑

백제의 공격을 받자
신라의 김춘추는 고구려의
연개소문을 찾아가
도움을 청했어.
연개소문은 거절했지만
김춘추는 포기하지 않고
당으로 향했어.

고구려

백제가 쳐들어오니
고구려가 신라를
도와주면 좋겠소.

싫은데?

신라와 당이 힘을
합치면 백제를 물리칠
수 있을 겁니다.

당

급한 불부터
끄자!

고구려를 무너뜨릴
절호의 기회군.

*역전 형세가 뒤집힘, 또는 형세를 뒤집음

72

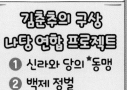

김춘추의 구상
나당 연합 프로젝트
❶ 신라와 당의 *동맹
❷ 백제 정벌
❸ 고구려 협공

그다음은 신라까지 차지해야지.

신라도 우리처럼 같은 편을 찾았네.

오예~

뭉쳐야 산다! 나도 껴줘~

콘의 궁금증이 해결되어 별이 채워집니다 30%

＊동맹 서로의 목적을 위하여 동일하게 행동하기로 한 약속

660년 백제 멸망
신라의 공격에 맞서 백제의 계백은 적은 군사로 김유신이 이끄는 신라군에 맞서 싸웠으나 지고 말았어. 결국 백제는 멸망했지.

고구려

신라

백제

668년 고구려 멸망
고구려는 왕보다 강한 힘을 가졌던 연개소문이 죽자 내부에서 권력 다툼이 일어났어. 신라와 당은 그 틈을 놓치지 않고 일제히 고구려를 공격했고, 결국 멸망하고 말았어.

전쟁 끝! 당도 자기네 나라로 돌아갈테니

평화가 찾아 오겠군.

안타깝게도 전쟁은 아직 끝난 게 아니었어. 당이 약속을 어기고 한반도 전체를 차지하려고 하자 신라는 당과 다시 전쟁을 벌이게 돼. 멸망한 고구려와 백제 사람들도 신라를 도와 함께 싸웠어. 힘겨운 싸움 끝에 마침내 신라가 삼국을 통일하지.

100%

콘의 궁금증이 완벽 해결되어 큰별쌤이 이동할 수 있습니다

GO!

꼬질꼬질
콘의 역사노트

오늘 배운 한국사

"백제와 고구려가 멸망한 후 신라는 당을 몰아내고 삼국 통일을 이루었다."

기억할 개념 : 신라의 삼국 통일 과정

백제 의자왕의 신라 공격 → 위기에 빠진 신라를 구하고자 김춘추가 고구려 연개소문을 만나

도움 요청 → 고구려의 거절 → 김춘추가 당에 찾아가 나당 연합을 결성 → 백제 공격, 멸망

→ 고구려 공격, 멸망 → 당의 배신 → 신라와 당의 전쟁 → 삼국 통일★

삼국 통일의 일등 공신

백제의 의자왕이 신라를 공격했을 때 대야성을 빼앗겼어.
이 전투에서 내 딸과 사위가 죽고 말았지.
나는 복수를 다짐하며 슬픔을 꾹 참았어.
고구려와 당에 백제를 함께
공격하자고 말했단다.

아버지,
보고 싶어요.

불쌍한 내 딸,
보고 싶구나.

별명
딸 바보

정말
슬프셨겠어요.

아쉬운 일 1
삼국 통일을
보지 못하고 죽은 것

당과 함께 백제를 공격하기 전
난 신라의 제 29대 왕이 되었어.
그때부터 무열왕이라 불리었지.
그런데 나는 신라가 삼국 통일을
할 때까지 살지는 못했어.
그 모습을 볼 수 있었다면
정말 기뻤을 텐데.

무열왕님이 없었다면
삼국 통일은
어려웠을 거예요.

아쉬운 일 2
고구려의 옛 영토를
잃어버린 것

당이 한반도 땅을 전부
차지하려고 했어. 그래서 우린
당을 몰아내기 위한 전쟁을 벌였고,
마침내 당을 한반도에서 쫓아냈지.
하지만 당을 끌어들여
고구려의 드넓은 옛 영토를
전부 차지하지 못한 건 아쉬워.

절친
김유신

김유신은 내 친구이자 내 아내의 오라버니야.
백제, 고구려와의 전쟁에서 큰 승리를
거둔 유능한 장군이지. 나만큼이나
신라의 삼국 통일에 큰 공을 세웠어.

삼국 통일의
일등 공신은?
무열왕, 김유신
공동 수상이네요.

신라 삼국 통일, 누가 제일 잘했나

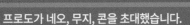
프로도가 네오, 무지, 콘을 초대했습니다.

콘, 오늘 피구할 때 멋졌어! ㅇㅊ

 다음에 콘이랑 같은 팀 할 거야!

 뭘 이 정도로 그래^^;;

근데 신라가 삼국을 통일한 후에 고구려와 백제 백성들은 어떻게 됐을까?

설마 모두 죽은 건 아니겠지?

 무서운 소리 하지 마.

 큰별쌤께 물어보자.

콘이 큰별쌤을 초대했습니다.

 쌤, 신라가 삼국을 통일하면서 고구려와 백제가 망했잖아요. 그럼 고구려와 백제의 백성들은 어떻게 됐나요?

 통일 신라는 나라를 잃고 슬퍼하는 고구려와 백제의 백성들도 따뜻하게 맞아 주었어.

삼국이 진정으로 하나가 되었고, 우리 한민족의 문화도 더욱 다채롭게 발전할 수 있었단다.

다 같이 잘 살아보세!

 작은 고추가 맵지!

하나가 된 삼국, 통일 신라

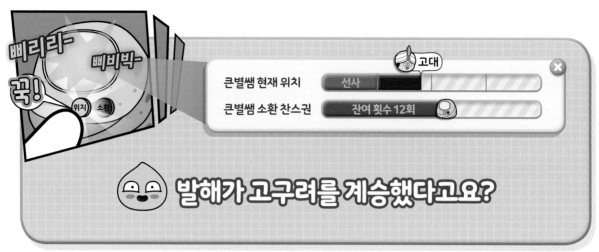

발해가 고구려를 계승했다고요?

오리 오리

난 고구려 땅에 큰 별장을 지을 거야!

번쩍 번쩍

그 옆에 쇼핑몰도 지어 줄 거지?!

어피치, 너무 슬퍼하지 마.

혹시 나중에 신라가 고구려 땅을 다시 찾지 않았을까?

책을 더 읽어 보자.

쓰담 쓰담

헤헤

통일 신라 위에 새로운 나라가 세워졌는데?

여긴 고구려가 있었던 땅이잖아.

통일 신라

하하하

그 나라는 고구려를 계승한 발해야.

짜잔

발해가 고구려를 계승했다고요?

떠억

😊 어피치에게 궁금증이 생겨 큰별쌤이 이동할 수 없습니다

꽈당!

발해가 고구려를 계승했다고요?

발해는 고구려 출신 대조영이 세운 나라야.

☑ 초5 2학기 사회 > 나라의 등장과 발전

☑ 대조영 | 고구려 계승 | 해동성국

꾹! 슈슈슈 위치 0%

어피치의 궁금증을 해결해 큰별쌤의 별을 100%까지 채워보아요

고구려 멸망 이후 많은 고구려 *유민이 강제로 고향을 떠나 당으로 끌려가야 했어.

나라 잃은 것도 서러운데…

통일 신라

우린 이제 통일 신라 백성이란다.

*유민 망해서 없어진 나라의 백성

그중엔 대조영도 있었지.

고구려인 | 말갈인

다그닥 다그닥

얍

대조영은 당이 어지러운 틈을 타 동모산 근처에 발해를 세웠어. 이후 고구려의 옛 땅을 대부분 되찾지.

고구려 땅을 되찾았다니 너무 좋아용~

발해 만세!

빵빠라방~

대박!

어피치의 궁금증이 해결되어 별이 채워집니다 30%

발해는 전성기 때 고구려보다 더 넓은 땅을 차지하기도 했단다. 당은 이런 발해를 *해동성국이라 부르기도 했어.

고구려 | 발해

고구려 전성기 | 발해 전성기

*해동성국 바다 동쪽에서 기운차게 일어나 번성한 나라

발해가 고구려를 계승했단 걸 보여주는 게 또 있나요?

헤헤

발해와 고구려가 똑 닮았음을 보여주는 기록과 유물이 있지. 기록을 먼저 살펴볼까?

증거1 발해의 무왕이 일본에 편지를 보낼 때 자신을 고구려 왕이라고 표현했대.

잘 읽어보라 하시오.

휙~

발해에서 편지가 왔군.

고구려왕 보냄

왕이 적은 거니 발해가 고구려를 계승한 게 확실하네요!

덩실 덩실

70%

어피치의 궁금증이 해결되어 별이 채워집니다

흠~

유물에는 뭐가 있죠?

증거2 쌍둥이처럼 닮은 수막새가 있지. 수막새는 기와집 지붕의 처마 끝 부분을 마무리하는 기와인데, 디자인과 모양이 완전 닮은꼴이야.

발해의 수막새

고구려의 수막새

100%

어피치의 궁금증이 완벽 해결되어 큰별쌤이 이동할 수 있습니다

GO!

꼭꼭 어피치의 역사노트

오늘 배운 한국사

"대조영이 세운 발해는 고구려를 계승했어요."

기억할 개념 ②

대조영 : 고구려 유민, 고구려의 옛 영토를 되찾아 발해를 건국

해동성국 : 바다 동쪽의 크고 강한 나라, ★발해의 전성기를 부르는 말

대조영은 말이야

고구려의 불씨를 살려 발해를 세운 왕

나는 당이 혼란스러운 틈을 타 고구려의 유민들과 말갈족을 이끌고 동모산 근처에 발해를 세웠어. 이후 힘을 키워 땅을 넓혔고 고구려의 옛 땅 대부분을 되찾았지. 발해는 고구려를 계승한 나라란다.

나, 대조영이 발해를 세웠다!

이제 무시할 수 없겠군.

발해

통일 신라

건국한 나라
발해

고구려의 불씨를 살려낸 게 발해였군요.

자랑스러운 문화
온돌

절친
걸사비우

내 친구 이름 특이하지?
걸사비우는 말갈족의 추장이야.
당에서 탈출할 때 많은 도움을 주었지.
걸사비우는 당과 전투를 하던 중 목숨을 잃었어.
나는 그때 정말 슬펐단다.

온돌은 방 바닥을 뜨겁게 데우는 우리나라의 난방 방식이야. 고구려에서도 온돌을 사용했지. 고구려를 계승한 우리 발해에서도 온돌을 썼단다. 따뜻하니 잠이 솔솔 오는구나.

뜨끈해서 좋다.

생긴 건 달라도 우린 베스트 프렌드!

친구를 사귈 때 외모는 중요하지 않죠.

우리도 친구~

저는 침대 체질이에요.

80

한국사 단톡방
큰별쌤, 어피치, 제이지, 네오, 프로도, 무지 (6)

큰별쌤이 어피치, 제이지, 네오, 프로도를 초대했습니다.

얘들아, 쌤 언제 꺼내 줄 거야? ㅠㅠ

쌤! 그러고 싶지만 ….

하루에 다 읽기엔 이 책은 조금 어려워요;;

무지가 그러는데요. 중국이 발해가 자기들 역사라고 하는 걸 들은 적이 있대요.

엥? 왜 생뚱맞게 중국이 그런 주장을 하는 거죠?

프로도가 무지를 초대했습니다.

무지 심심해~

무지 말대로 중국은 동북공정이라는 연구를 통해 고조선, 고구려, 발해가 중국의 역사라는 잘못된 주장을 펼치고 있어.

동북공정 ...

중국에서 만주 지방의 지리, 역사, 민족 문제를 연구하는 국가 연구 사업이다. 현재의 중국 국경 안에서 전개된 모든 역사를 중국의 역사로 만들기 위하여 진행되었다.

오늘날의 영토를 기준으로 그런 주장을 하다니 말도 안 돼!

고구려와 발해는 쌍둥이처럼 똑 닮은 우리 역사인걸♥

고구려를 계승한 우리의 역사, 발해

 ☺ #

저요! 저요! 풀어봐요

① 다음 중 알에서 태어난 사람은 누구일까요?
정답 스티커

평양으로 수도를 옮긴 고구려의 장수왕

한강 근처에 백제를 건국한 온조

6세기 신라의 전성기를 이끈 진흥왕

태어난 지 열흘 만에 다 자란 가야의 김수로

② 삼국이 한강 유역을 차지하려고 한 이유가 아닌 것은 무엇일까요? 정답 스티커

주위에 넓은 땅이 있어 농사짓기에 유리했기 때문이야.

한강에서 보는 밤의 경치가 좋기 때문이야.

뱃길을 통해 한반도 곳곳으로 물건을 옮기기에 편했어.

바다 건너의 중국과 교류하기 편했어.

③ 고구려 무덤인 무용총에서 발견된 것으로 옳은 것은 무엇일까요? 정답 스티커

사냥하는 모습을 그린 수렵도

그릇 밑에 글자가 새겨진 호우명 그릇

하늘을 나는 말의 모습이 그려진 천마도

무덤을 지키는 역할을 한 진묘수

82

4 신라의 삼국 통일 과정에 대한 설명 중 틀린 것은 무엇일까요?

정답 스티커

고구려의 연개소문이 신라의 김춘추를 찾아가 도움을 청했어.

신라와 당이 나당 연합을 결성했어.

신라와 당의 공격으로 백제와 고구려가 멸망했어.

당의 배신으로 신라와 당이 전쟁을 벌였어.

5 고구려, 백제, 신라의 무덤과 그에 대한 설명을 바르게 연결해 보세요.

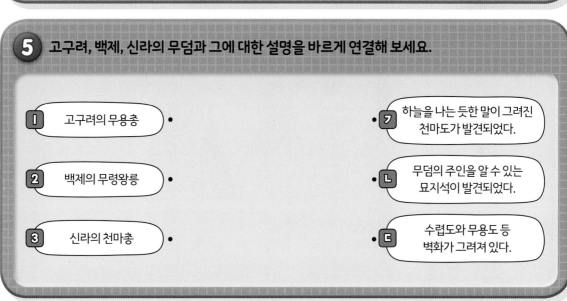

1 고구려의 무용총 ·

2 백제의 무령왕릉 ·

3 신라의 천마총 ·

· ㄱ 하늘을 나는 듯한 말이 그려진 천마도가 발견되었다.

· ㄴ 무덤의 주인을 알 수 있는 묘지석이 발견되었다.

· ㄷ 수렵도와 무용도 등 벽화가 그려져 있다.

6 맞는 문장에는 ○, 틀린 문장에는 ✕를 써 보세요.

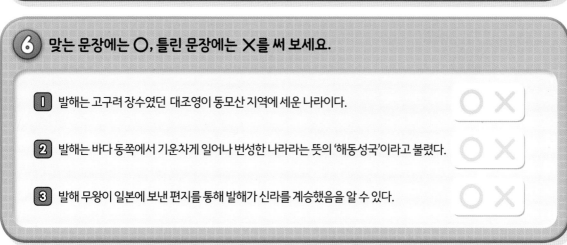

1 발해는 고구려 장수였던 대조영이 동모산 지역에 세운 나라이다. ○ ✕

2 발해는 바다 동쪽에서 기운차게 일어나 번성한 나라라는 뜻의 '해동성국'이라고 불렸다. ○ ✕

3 발해 무왕이 일본에 보낸 편지를 통해 발해가 신라를 계승했음을 알 수 있다. ○ ✕

저요! 저요! 맞춰봐요

궁금증을 해결했는지 한번 확인해 볼까?

정답

1  튜브

2  제이지

3 네오

4 라이언

5

1		7
2	✕	ㄴ
3		ㄷ

6 1 ○   2 ○   3 ✕

구석기인! 결과를 알려 주세요!

테스트에서 빵점을 받으면 어떻게 된다고 했는지 기억하지?

그럼요~ 자신있어요!

100점?

오호~ **이번에도 통과야.** 큰별쌤이 고려 시대로 이동하게 됐어.

두 번째 테스트도 통과하다니 대단해. 고대를 지나기 전에 한 가지는 기억해줘. 늦었다고 해서 꼭 꼴찌가 아니라는 것. 삼국을 통일한 신라 기억나지? 조금 뒤처져 있더라도 걱정하지 마. 차근차근 노력하면 언젠가 빛나는 순간을 맞게 될 거야.

오예~ 앞으로 더 잘 할 거예요!

3

고려

고려 시대에서 해결해야 할 궁금증

왜 왕건은
결혼을 많이
했나요?

큰별쌤 이동 목표

| 25쪽 | 50쪽 | 84쪽 | 118쪽 | 158쪽 |

선사　고대　고려　조선

궁금증을 해결하여 5개의 별을 채우면 큰별쌤이 탈출문에 가까워진답니다.

서희는
어떻게 말로
땅을 얻었나요?

왜 고려는
강화도로
수도를
옮겼나요?

왜 고려 왕의
이름에
'충' 자가
붙었나요?

왜 몽골이
침입했을 때
팔만대장경을
만들었나요?

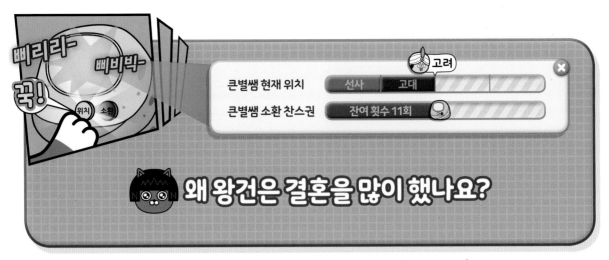

왜 왕건은 결혼을 많이 했나요?

이걸 다 네가 준비한 거야?

프로도 생일인데 이 정도는 해야지.

후훗

역시 프로도 집에는 재밌는 게 많아.

나도 탈래.

우아

두둥!

프로도 올 시간이야.

불 끄고 기다리자.

불 끄면 무서운데…

내가 옆에 있잖아~

토닥 토닥

덜덜덜

힝~

오늘 내 생일인데 다들 어디 간 거지?

오늘따라 집이 왜 이렇게 어둡지?

흠

딸칵

탁

짜잔!

프로도 생일 축하해!

헤헷

척!

감동이야♥ 네오가 준비 많이 했어.

찌잉~

정말 고마워.

부비 부비~

혈~ 너희 애정 표현이 너무 심한 거 아니니?

우린 나중에 결혼할 거야.

아잉~

반짝

반짝

긴가 민가

결혼? 책에서도 결혼 이야기가 나왔는데…

꺄앙

정말? 어디 봐봐. 뭐라고 써 있는데?

여기 보면, 왕건이 29명과 결혼을 했대.

헉!

왕건이 누군데? 결혼을 왜 그렇게 많이 했을까?

콰당!

네오에게 궁금증이 생겨 큰별쌤이 이동할 수 없습니다

87

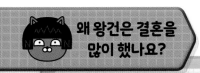

왜 왕건은 결혼을
많이 했나요?

고려 건국과 후삼국 통일에 도움을 준 호족을 자기편으로 만들기 위해서였어.

✅ 초5 2학기 사회 > 독창적 문화를 발전시킨 고려

✅ 호족 | 왕건 | 견훤 | 궁예

네오의 궁금증을 해결해 큰별쌤의 별을 100%까지 채워보아요   0%

왕건은 고려를 건국한 사람이야.

일단 고려가 어떻게 세워졌는지부터 알아보자.

왕건의 결혼 이야기부터 들려주세요.

모든 일엔 순서가 있는 법

건국부터 차근차근

*귀족들이 서로 왕이 되겠다며 싸움을 벌이자 통일 신라가 휘청거리기 시작했어. 백성들의 삶도 힘들어져 더 이상 참지 못한 백성들이 난을 일으키기도 했지.

이번엔 내 차례야!

우당탕

크흠!

내 거야!

실력 발휘 좀 해 볼까나?

크크크

그만 비키시오. 내가 어지러운 세상을 구하겠노라!

지방에서는 세력을 키운 *호족이 등장했는데, 이들 중 일부가 나라를 세웠어.

빵

오악

*귀족 가문이 좋거나 신분이 높아 여러 특권을 가진 계층   *호족 신라 말 고려 초에 활동한 지방 세력

처음 뵙겠습니다. 누구신지요?

후백제를 세운 견훤, 후고구려를 세운 궁예란다. 한반도가 다시 세 나라로 나뉘면서 후삼국 시대가 시작됐어.

궁예
고구려의 영광을 되찾자!

견훤
백제를 다시 일으키자!

후고구려

후백제

30%

네오의 궁금증이 해결되어 별이 채워집니다

또 삼국 시대요? 전투가 벌어지겠군요.

글썽 글썽

세 나라는 서로를 무너뜨리려고 치열하게 싸웠어.

궁예의 신하였던 왕건은 후백제와의 여러 전투에 참여해 공을 세우고 세력을 키웠어. 궁예의 다른 신하들과 백성들에게 믿음도 얻었지.

얍

척!

왕건

하지만 궁예는 날이 갈수록 믿음을 잃어 갔어. 자신이 미래의 부처인 미륵불이고, 사람들의 마음을 읽는다며 점점 이상한 행동을 하기 시작했거든. 심지어 왕건을 죽이려고까지 했어.

쩌렁

왕건 네 이놈, 나 배신할 거지?

분하지만 용서를 구하고 위기를 넘기자.

헉

복잡한 이 선은 싹 지우고, 하나가 되어 잘 살아 보세.

벅벅!

내 이름은 왕건 내 나라는 고려

신라

후백제

결국 왕건은 자신을 따르는 이들과 궁예를 몰아내고 왕위에 올라 고려를 건국해.

얼마 후 신라가 고려에 항복하였고, 왕건이 후백제마저 물리치면서 고려가 후삼국을 통일하지.

왕건 님, 통일을 축하드려요.

짜잔!

왕건은 고려를 안정적으로 다스리기 위해 고려 건국과 후삼국 통일에 도움을 준 호족들을 자기편으로 만들고자 했어.

왕건이 선택한 방법은?

왕건은 호족의 딸과 결혼을 하고, 자신의 성씨인 '왕' 씨를 내려 주었어. 토지를 내려주거나 높은 벼슬자리를 주는 것도 잊지 않았지.

한 가족이 됩시다.

이보게, 김순식

왕순식이라 부르게나.

미움 사르륵

모두 왕족이 된 기분이 들었겠네요.

우아~

70%

네오의 궁금증이 해결되어 별이 채워집니다

이러한 호족 *포용 정책의 결과 왕건은 29명의 부인을 두게 된 거야. 하지만 호족이 너무 성장하는 것을 막기 위해 호족 견제 정책도 실시했어.

얘들아~ 쌤이 요즘 책 안에서 과자를 못 먹어서 말이야. 조금만 가져가도 될까?

헤헤

100%

네오의 궁금증이 완벽 해결되어 큰별쌤이 이동할 수 있습니다

GO!

꼬적꼬적
네오의 역사노트

오늘 배운 한국사

"후삼국을 통일한 고려의 왕건은 나라를 안정적으로 다스리기 위해 호족의 딸과 결혼하거나, 호족에게 자신의 성씨를 내려 주었어요."

기억할 개념 ①

호족 : 통일 신라 말 귀족들의 다툼으로 사회가 혼란스러울 때 지방에서 등장한 세력

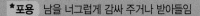

*포용 남을 너그럽게 감싸 주거나 받아들임

마음을 얻고 통일을 이룬 1대 왕

죽을 날이 다가오니 나의 후손들이 고려를 제대로
다스리지 못할까 봐 걱정이 많아졌어.
그래서 후손들에게 이것만은 꼭 따라 주길 바라는
마음으로 열 가지 가르침을 담아 '훈요 10조'를 남겼단다.

하나라도 안 지키면
귀신이 되어서라도
나타날 거다.

왕건님,
멋져요!

건국한 나라
고려

고려는 고구려를 이어받은 나라야.
나라 이름만 봐도 알겠지?
난 고구려의 옛 땅을
모두 되찾고 싶었어.
그래서 북쪽에 성을
새로 쌓고 군대도 보냈지.
이러한 노력 덕분에 북쪽으로
조금씩 영토를 넓힐 수 있었단다.

잘 지킬 테니
걱정하지 마세요.

최대 관심사
자나 깨나 고려 생각

희망 사항
백성의 행복

궁예는 신하들뿐만 아니라
백성들에게도 못되게 굴었어.
고려를 건국한 후 나는 무엇보다 백성의
마음을 얻는 것이 중요하다고 생각했지.
백성에게 쌀을 나눠 주기도 하고,
세금도 깎아 주었단다.

자, 모두 오세요~

세금 파격 할인!

백성이
편안한 나라,
좋은 나라

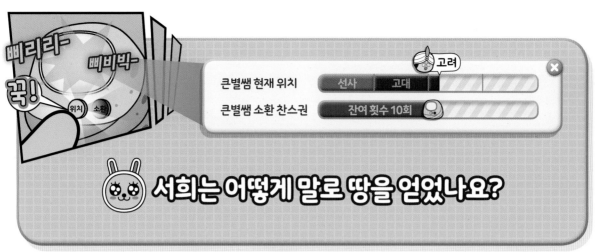

큰별쌤 현재 위치: 선사 | 고대 | 고려

큰별쌤 소환 찬스권: 잔여 횟수 10회

서희는 어떻게 말로 땅을 얻었나요?

시끌시끌

간만에 책 좀 읽을까 했더니. 이 소음은 뭐얏?

어린이!

이야기

기분

분노

노력

력…

쉿!

도서관이잖아. 조용히 해야지.

오예~ 이겼다!

내가 지다니…

형

조용히 해야 한다니까!

떼헉

말로는 내가 최고!

나 대신 무지 이겨 줄 사람 없니?

생각났어. 무지보다 말 잘하는 사람~

누군데?

내가 상대해 주겠어.

책에서 본 고려의 서희야. 말로 땅을 얻었다는데?

싸우지 않고 말솜씨로 땅을 얻었다고?

으악

무지에게 궁금증이 생겨 큰별쌤이 이동할 수 없습니다

짠당!

서희는 어떻게 말로 땅을 얻었나요?

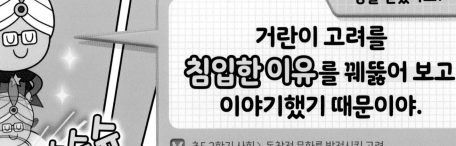

거란이 고려를 침입한 이유를 꿰뚫어 보고 이야기했기 때문이야.

☑ 초5 2학기 사회 〉 독창적 문화를 발전시킨 고려

☑ 서희 | 거란 | 강동 6주

무지의 궁금증을 해결해 큰별쌤의 별을 100%까지 채워보아요   0%

짜잔

고려의 서희, 거란과의 전쟁에서 크게 활약

서희로 말할 것 같으면! 고려 최고의 외교관!

고려는 여러 나라에 둘러싸여 있었어.

거란 여진 고려 송

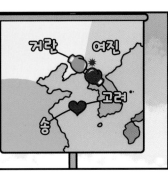

거란하고는 왜 전쟁을 했죠?

고려는 거란이 발해를 무너뜨렸다며 경계했고,

왕건이 북쪽으로 영토를 넓히면서 사이가 더 나빠졌어. 급기야…

거란의 군사여

고려를 무찌르러 가자!

이랴!

다다다다

*담판 서로 맞선 관계에 있는 두 사람이 의논하여 옳고 그름을 판단함

2 ROUND 서희와 소손녕의 담판

고려 **서희** VS 거란 **소손녕**

방어 성공!
고구려를 계승한 나라는 고려, 옛 고구려 땅 내놔!
공격!

서희의 완벽한 논리에 소손녕은 말문이 막혔어. 그제야 소손녕은 그동안 고려가 송하고만 친하게 지낸 것에 대한 불만을 드러냈어.

그동안 얼마나 서러웠게~

고려와 송의 우정은 영원하리~ ♬♪

서희는 압록강 주변 땅을 여진이 차지하고 있어 거란으로 가는 길목이 막혔다고 말했어. 그리고 송과 관계를 끊고 거란과 교류하겠다고 약속했지. 소손녕은 서희의 말을 믿고 군대를 돌려 물러갔어.

거란이 진짜 원한 건 이거였군. 접수 완료!

강동 6주

Q 이후에는 고려가 거란과 사이좋게 지냈나요?

고려는 싸움 한 번 하지 않고 강동 6주를 얻게 되었어!

틈새 질문

A 거란은 이후에도 고려를 두 번이나 더 침략했어. 나를 단톡방에 초대하면 자세히 알려 줄게.

100% OKAY

무지의 궁금증이 완벽 해결되어 큰별쌤이 이동할 수 있습니다 GO!

끄적끄적
무지의 역사노트

오늘 배운 한국사

"거란이 고려를 침입하자 서희는 외교 담판을 통해 강동 6주를 얻었어요."

기억할 개념 ①

강동 6주 : 서희가 소손녕과의 담판을 통해 얻어 낸 압록강 주변의 땅,

고려는 이곳의 여진을 몰아내고 성을 쌓아 영토를 넓힘

서희는 말이야

우리 역사상 가장 유능했던 외교관

먼 길 오느라 고생했소.

자주 건너와 소식 전하도록 하겠나이다.

난 소손녕과의 담판 이전에 송에 사신으로 파견되어 큰 성과를 얻었어. 송 황제를 만나 이렇게 말했지. "그동안 고려가 사신을 보내지 못했던 것은 거란이 송으로 가는 길을 막고 있었기 때문입니다." 나의 뛰어난 말솜씨에 감탄한 송 황제는 서운함을 거두었어. 이후 고려와 송이 친하게 지내게 되었고, 나날이 강해지는 거란에 맞설 수 있게 된 거야.

주요 경력
송에 사신으로 파견됨

'외교부에서 뽑은 우리 외교를 빛낸 인물 1호'가 누구게? 바로 나야. 정말 가문의 영광이지. 우리나라 외교관을 교육하는 국립외교원 앞에 가면 내 동상을 만날 수 있어. 다들 보러 와 줄 거지?

저희 새내기 외교관의 롤모델이십니다.

만날 수 있는 곳
국립외교원 앞

자전거 타고 간다고?

빨리 가자. 동상 앞에서 사진 찍을 거야.

특기
승진

말 말고도 내가 잘하는 게 또 있어. 19살 때 과거에 합격해 관리가 되었거든. 그런데 단계를 뛰어넘는 고속 승진을 했지 뭐야. 한번은 이런 일도 있었지. 내가 몸이 아파 절에 머물렀는데 왕께서 친히 오셔서 걱정해 주고 가셨다니까~ 게다가 절에 옷, 말과 곡식 1,000석을 선물로 주시기까지 했어.

우아! 저도 선물 받고 싶어요.

무지가 콘, 튜브, 제이지를 초대했습니다.

 거란

비상! 비상! 🚨
서희의 외교 담판 이후
에도 거란이 두 번이나
더 쳐들어왔대.

 큰별쌤이 고려가 거란을 물리쳤다고 했는데 뭘 걱정해?

누가 거란을 상대했는지 궁금하지 않아?

 서희♥께서 또 상대하신 게 아닐까?

 큰별쌤에게 물어볼래.

제이지가 큰별쌤을 초대했습니다.

 안 자고 뭐 하니? 구석기인은 코를 드르렁 골며 잔다~

거란이 또다시 고려를 공격했을 때
누가 거란을 무찔렀는지 궁금해요!

 무지가 아주 좋은 질문을 했어.

 거란이 두 번째로 고려를 공격
했을 때는 양규 장군이 멋지게
거란을 무찔렀어.

 세 번째로 침입했을 때는 강감
찬 장군이 거란의 10만 군대를
귀주에서 물리쳤단다.

이후 거란은 다시는 고려에 쳐들어올 생각을 못했어.

 고려 VS. 거란 전쟁 THE END

고려를 구한 또 다른 영웅을 기억해야겠어요.

거란의 침입에서
고려를 구한
또 다른 영웅

➕ ☺ #

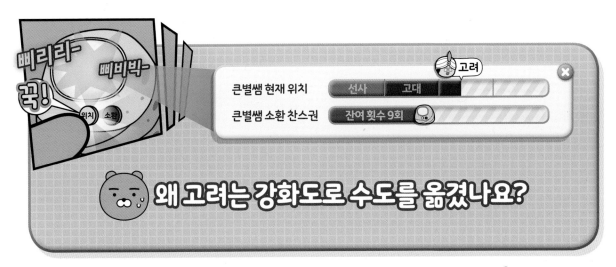

왜 고려는 강화도로 수도를 옮겼나요?

라이언팀 VS 어피치팀

좋아! 우리 팀부터 시작한다.

삼국 중 가장 먼저 한강 유역을 차지한 나라는?

뜨억

쉬운걸!

한강 유역을 먼저 차지한 건 백제!

엄지척

이제 내가 문제를 낼게.

고려는 딱 한 번 수도를 옮겼는데 어디로 옮겼을까?

1번 평양
2번 강화도
3번 한양

안 배운 것 같은데.

강화도는 섬이니까 아닐 것 같고…

예습할걸~

찍어야겠다. 1번 평양?

땡! 정답은 2번 강화도죵~

메롱

뭐? 강화도?

왜 고려가 강화도로 수도를 옮겼지?

삐질

라이언에게 궁금증이 생겨 큰별쌤이 이동할 수 없습니다

콰당!

왜 고려는 강화도로
수도를 옮겼나요?

몽골과 맞서 싸우기에
섬인 강화도가 유리했기
때문이야.

✔ 초5 2학기 사회 〉독창적 문화를 발전시킨 고려

✔ 무신 | 몽골 | 최우 | 강화도 천도

꾹! 슈슈슈

위치

0%

라이언의 궁금증을 해결해 큰별쌤의 별을 100%까지 채워보아요

고려는 몽골이 쳐들어왔을 때, 개경에서 강화도로 수도를 옮겼어.

개경(개성)

몽골이 쳐들어오기 전, 고려에 무슨 일이 있었는지 알아보자. 우선 고려의 신하는 둘로 나눌 수 있어.

학문 담당 문신

군사 담당 무신

꾸엑

어피치가 고려 시대에 태어났다면 분명 힘센 무신이었을 거야.

너네랑 우리랑 같니?

두고 봐라!

우씽

같은 신하였지만 문신은 무신보다 훨씬 좋은 대우를 받았어. 무신은 나라의 중요한 일을 결정하는 회의에 참석할 수 없었어. 힘든 일도 도맡아 했고.

참다못한 무신은 반란을 일으켜 권력을 잡았어. 무신의 세상이 된 거야. 그런데 무신끼리 권력을 차지하려고 싸우기 시작했어.

어제의 친구가 오늘은 적이다!

나도 권력 맛 좀 보자!

무신 화르르

쳉

이얍

쳉

휙~

이제 고려로 쳐들어가자!

이랴!

이랴!

두두두두

다그닥

두두두두

나라 안이 권력 다툼으로 혼란스러운 사이, 밖에서는 아시아를 넘어 유럽까지 벌벌 떨게 만든 몽골의 군대가 호시탐탐 고려를 침략할 기회만 엿보고 있었어.

때마침 고려에 온 몽골의 사신 저고여가 돌아가는 길에 죽는 일이 벌어져. 고려가 벌인 일이라고 생각한 몽골은 복수를 명분으로 고려를 공격해.

감히 몽골의 사신을 죽이다니. 최우 너부터 가만두지 않겠다!

싸…싸움을 멈추어 주시오.

이랴!

감짝

후다닥

101

에잇, 분하다!

물에서는 싸워 본 적 없는데…

이대로 주저앉을 고려가 아니지! 당시 고려 최고 집권자였던 최우는 수도를 강화도로 옮기고 몽골에 맞설 준비를 했어.

어떻게 준비했나요?

짝짝짝

라이언의 궁금증이 해결되어 별이 채워집니다 50%

몽골군은 육지에서는 강했지만 바다에서 하는 전투에는 약했거든. 강화도는 주변 지형이 복잡해 몽골군이 쉽게 쳐들어올 수 없었지. 지배층이 강화도로 들어간 이후 육지에는 백성들만 남게 되었어.

강화도라서 안심이 되는군.

설마 여기까지 쫓아오겠어?

우린 어떡하라고 ㅜㅜ

강화도

육지에 남은 백성들은 용감하게 몽골군에 맞서 싸웠어.

백성들도 무서웠을 텐데.

덜덜덜

그 후로도 몽골군의 공격이 계속되자 고려는 전쟁을 멈추는 조건으로 강화도에서 개경으로 돌아왔단다.

100%

몽골의 침입
→ 원 간섭기

GO!

라이언의 궁금증이 완벽 해결되어 큰별쌤이 이동할 수 있습니다

꼬적꼬적
라이언의 역사노트

오늘 배운 한국사

"몽골은 고려에 보낸 몽골 사신이 죽자 이를 빌미로 고려를 침입했어요.

고려는 강화도로 수도를 옮겨 몽골에 저항했어요."

기억할 개념 ①

강화도 천도 : 몽골군의 공격에 맞서기 위하여 고려는 강화도로 수도를 옮김

몽골의 침입에 맞선 고려의 권력자

우리 아빠도 힘 있는 무신이었어.
우리 최씨 집안 사람들의 파워가 대단했지.
아빠의 엄청난 권력과 재산을 나, 내 아들 최항,
손자 최의까지 고스란히 물려받았어.

모든 힘은
나로부터 시작됐지.

최충헌 → 최우 → 최항 → 최의

최씨가 권력을 차지하고
있는 동안 백성들이
힘들었겠군요.

존경하는 사람
아빠 최충헌

**인생 최고의
선택**
강화도 천도

난 솔직히 몽골군이
몰려오자 겁났어.
그동안 쌓아 왔던 권력과
집안의 재산도 몽땅 잃어버릴 것 같았거든.
그래서 강화도로 수도를 옮겼지. 물론 강화도가
몽골군을 막기에 유리한 위치이기도 했지만 말이야.
몽골군이 떠날 때까지만 강화도에 있을 건데 뭐~!

취미
방구석에서
신하 뽑기

누워서도
할 일은 다 한다고.
거기, 너! 내일부터
나와 함께 일해 보자!

우리 집이 궁궐만큼 넓은데
궁궐까지 갈 필요가 뭐가 있어.
내 집 안에 정방이란 기구를
만들어 신하를 뽑았어.
참 편하고 좋아.

나도 방에서
뒹굴뒹굴
좋아해~

근데 숙제처럼 중요한 일을
누워서 하면 꼭 잠이 오더라!

왜 고려 왕의 이름에 '충' 자가 붙었나요?

튜브에게 궁금증이 생겨 큰별쌤이 이동할 수 없습니다

왜 고려 왕의 이름에
'충' 자가 붙었나요?

원에 충성하라는 뜻으로 붙였어.

☑ 초5 2학기 사회 〉 독창적 문화를 발전시킨 고려

☑ 원 간섭기 | 공민왕

슈슈슈

꾹!

위치

0%

튜브의 궁금증을 해결해 큰별쌤의 별을 100%까지 채워보아요

고려와 몽골의 전쟁은 막을 내렸지만, 몽골은 나라 이름을 '원'으로 바꾸고 시시콜콜 고려를 간섭하기 시작했어.

무슨 일에나 참견하는 건 나도 싫어.

이래라저래라 하지. 마

원은 고려의 땅을 마음대로 차지하고, 시도 때도 없이 엄청난 양의 *공물을 요구했어. 제멋대로 고려 사람들을 원으로 끌고 가기도 했지.

에헴

모두 최고급으로 준비했습니다.

준비한 게 고작 이게 다냐?

집으로 돌아갈래요.

엉엉

*공물 왕이나 황제에게 바치는 물건

고려의 왕자는 원의 공주와 결혼해야 했고 어릴 때 원에 *인질로 잡혀 갔어. 원은 고려를 원에 충성하는 사위 나라로 만들고 싶었던 거야.

사위, 고분고분 내 말 잘 들을 거지?

그럼요~ 고려를 잘 봐주세요.

흥

삐질

*인질 약속을 지키도록 만들기 위해 붙잡아 두는 사람

106

나라가 힘이 없으니 백성이 더 살기 힘든 것 같아요.

튜브 무룩

척

마음에 안 드네. 슬슬 바꿔 봐?

원 *황제가 마음대로 고려 왕을 바꿔 버리기도 하니 고려 왕은 원에 충성할 수밖에 없었어.

*황제 왕이 다스리는 나라보다 힘센 나라를 다스리는 임금을 왕과 구별하여 이르는 말

원에게 충성하란 뜻으로 왕 이름에 '충' 자를 붙였던 거야. 이 이름은 왕 스스로 사용한 것은 아니야. 그들이 죽었을 때 원이 내린 이름이지.

ㅋㅋㅋ

마음에 쏙 들 거야.

짜악

충

'충' 자가 충성하라는 의미였다니.

NO!

맙소사

튜브의 궁금증이 해결되어 별이 채워집니다 50%

언제까지 '충' 자가 붙죠?

충렬왕 충선왕 충숙왕 충혜왕 충목왕 충정왕

충렬왕 이후 공민왕 전까지 6명의 고려 왕 이름에 '충' 자가 붙었단다. 원에 인질로 잡혀 있던 공민왕이 돌아올 무렵, 원도 서서히 힘을 잃어 갔어. 공민왕은 이 기회를 놓치지 않았고 원의 간섭에서 벗어나 나라의 힘을 키우려고 했지. 왕 이름에서도 '충' 자를 빼 버렸단다.

100% 튜브의 궁금증이 완벽 해결되어 큰별쌤이 이동할 수 있습니다 GO!

꼭꼭 꼭꼭
튜브의 역사노트

오늘 배운 한국사

"몽골은 나라 이름을 원으로 바꾸고 고려의 정치에 간섭했어요.

원에 충성하라는 의미로 고려 왕의 이름 앞에 '충' 자를 붙였어요."

기억할 개념 ②

원 간섭기 : 원이 고려의 나랏일을 참견하여 고려 사람들의 삶이 힘들어진 시기

공민왕 : 원의 간섭에서 벗어나기 위해 개혁을 실시한 왕

난 열두 살부터 10년 동안 원에 인질로 잡혀 있었어.
왕이 되면 원의 간섭에서 벗어나기로 결심했지.
그리고 왕이 된 후 몽골의 머리 모양과 옷차림 같은
몽골의 풍습을 금지시켰어. 원의 간섭을 받는 동안
원과 친하게 지내면서 세력을 키운 귀족들이 있었는데,
이들이 앞장서서 백성을 괴롭히는 일이 많았어.
그래서 내가 혼쭐내 줬단다!

이제 내 앞에서
'원' 자는 꺼내지도 말도록

잘한 일
원에 빼앗긴
땅을 되찾은 일

싫어하는 것
원과 관련된
모든 것

공민왕과
노국 대장 공주의
사랑이 아름다워요♥

우리 힘으로
다시 찾은 고려의 땅.

쌍성총관부

고려

고려가 원의 간섭에서
벗어날 수 있도록 노국 대장 공주가
많이 도와줬어. 그런데 아이를
낳다가 세상을 떠나 버렸지.
슬픔에 빠진 나는 아무것도 할 수
없었어. 노국 대장 공주가 그리워
초상화를 앞에 두고 밥을 먹기도 했어.

영혼의 단짝
노국 대장 공주

공민왕님
너무 멋져요!

아무것도
하고 싶지도, 먹고
싶지도 않소.

점점 힘이 빠져 가는 원을 보면서
나는 호시탐탐 기회를 엿봤어.
마침내 원이 설치했던 통치 기구인 쌍성총관부를
공격해서 빼앗겼던 고려의 땅을 되찾았단다.

큰별쌤이 무지, 튜브, 콘, 라이언을 초대했습니다.

얘들아, 안녕? 오랜만에 뒷동산에 놀러 갔는데 비가 와서 아쉬웠겠구나.

 괜찮아요! 덕분에 노래 부르다가 궁금증을 해결했잖아요.

 쌤, 근데 고려 사람들이 몽골의 머리 모양을 따라 했나요?

고려가 원의 간섭을 받는 동안 몽골의 여러 풍습이 고려에 전해졌어.

대표적으로 몽골의 머리 모양이나 옷이 고려에서 유행했지.

 또 다른 풍습은 뭐가 있어요?

결혼할 때 신부가 쓰는 모자인 족두리, 볼과 이마에 찍는 연지 곤지는 지금까지도 남아 있는 몽골의 풍습이란다.

고려로 전해진 몽골의 풍습

 나도 연지 곤지♥

왜 몽골이 침입했을 때
팔만대장경을 만들었나요?

도자기 정말 예쁘다.
화려하고 우아해~

너처럼 예뻐♥
내가 선물해 줄까?

둘이 뭐 해?

뭐가 예쁜데?

제이지, 이거 봐.
무늬가 정말 예뻐~

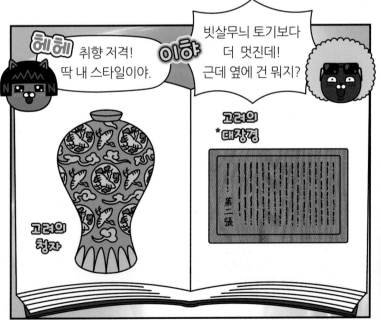

헤헤 취향 저격!
딱 내 스타일이야.

이야 빗살무늬 토기보다
더 멋진데!
근데 옆에 건 뭐지?

고려의 청자

고려의 *대장경

第二張

말도 안 돼!!
8만 개의 나무판에
글자를 새겼다고?

설마 너 8만 개를
세고 있는 건 아니지?

*대장경 부처님의 가르침이 담긴 불교 경전을 모두 모아 놓은 것

도서관에서 만나니 더 반가운걸~ 무슨 책 보니?

쪼. 쪼리쌤이야. 어서 책 숨겨!

혁!

후다닥

이미 늦은 듯. 일단 덮고 보자.

쪼리쌤, 8만 개의 나무판에 글자가 새겨져 있는 문화재가 있대요.

아하!

8만 개라면 팔만대장경을 말하는 거구나?

팔만대장경이요? 어디 가면 볼 수 있죠?

팔만대장경은 경상남도 합천군 해인사 장경판전에 보관되어 있어.

와아

지금 보러 가요~

좋아! 가자. 그 전에 준비할 게 있는데…

헤헤

도시락 준비?

팔만대장경이 언제 만들었는지 알아보면 되는 거죠?

팔만대장경은 고려가 몽골의 침입을 받았을 때 만들어졌어.

글자랑 무슨 상관?!

화들짝

정말 그때 팔만대장경을 만들었나요?

제이지에게 궁금증이 생겨 큰별쌤이 이동할 수 없습니다

꽈당!

111

부처님의 힘을 빌려
몽골을 물리치려는 소망을
담아 만들었단다.

슈슈슈

꾹!

(위치)

0%

☑ 초5 2학기 사회 > 독창적인 문화를 발전시킨 고려

☑ 몽골의 침입 | 팔만대장경

제이지의 궁금증을 해결해 큰별쌤의 별을 100%까지 채워보아요

고려 사람들은 어려운 일이 생기면 부처님에게 의지해 어려움을 이겨 내고자 했어. 부처님의 말씀을 되새기면서 마음을 하나로 모았지.

고려가 불교의 나라인 만큼 보살펴 주실 거죠?

고려를 위기에서 구해 주세요.

불상

비나이다
비나이다

오예~

내 마음속에 부처님 저장~

고려는 거란이 침입하자 처음으로 대장경을 만들었어. 이때 만든 대장경을 처음 만들었다고 해서 초조대장경이라고 해. 이후 신기하게도 거란이 물러갔어.

와아

부처님 덕분에 거란을 물리쳤다!

몽골군의 공격으로 초조대장경이 불타 버리자, 고려는 몽골을 물리치려는 간절한 마음을 모아 팔만대장경을 다시 만들었어. 다시 만들어졌다고 해서 재조대장경이라고도 불러.

짜잔

81,258개의 나무판에 불교의 지혜를 하나하나 새겨 넣은 거지.

→ 해인사 장경판전 내부

팔만대장경은 최우의 지휘 아래 몽골의 침입을 격퇴하기 위하여 강화도에서 만들어졌어. 전국의 *필사자, 목수, 승려 등이 참여했지.

팔만대장경이 어떻게 탄생했는지 알아볼까?

1단계 : 나무 준비하기

나무를 알맞은 크기로 잘라 바닷물에 담근 후 소금물에 삶아 준비해요.

2단계 : 글자 쓰기

필사자가 목판에 새길 글씨를 깨끗한 종이에 써요.

3단계 : 글자 새기고 교정보기

목수가 종이를 나무판에 뒤집어 붙여 글자를 새기고, 불교를 잘 아는 승려가 교정보아요.

4단계 : 종이에 찍어 내기

나무판에 먹물을 칠한 후 종이를 대고 솜뭉치로 두드려 찍어 내요.

팔만대장경은 완성되기까지 16년이나 걸렸어. 수많은 사람의 노력과 정성이 있었기에 가능했지.

100%

글씨체가 같아서 한 사람이 만든 줄!!

우아!

제이지의 궁금증이 완벽 해결되어 큰별쌤이 이동할 수 있습니다

GO!

꼬적꼬적 제이지의 역사노트

오늘 배운 한국사

"몽골이 침입했을 때 몽골을 물리치려는 간절한 마음을 담아 팔만대장경을 만들었어요."

기억할 개념 ①

고려의 대장경 : 거란의 침입 → 초조대장경을 만듦 → 거란이 물러감 →

몽골의 침입으로 초조대장경이 불에 탐 → 팔만대장경을 만듦

*필사자 글을 베껴 쓰는 사람

팔만대장경판은 말이야
나무에 새겨진 고려인의 나라 사랑 마음

앞뒤 양쪽 모두에 글자를 새겼고, 한 면에 새긴 글자만
약 322자, 전체 글자 수는 무려 5,200만 자가 넘지.
더 놀라운 사실은 한 글자를 새길 때마다 한 번씩 절을 했다는 거야.
그만큼 몽골을 물리치고자 하는 마음이 간절했던 거지.
나무판에 새긴 것임에도 글자가 고르고 틀린 글자도 거의 없어.
이 가치를 인정받아 유네스코 세계 기록 유산으로 등재되었지.

몽골군 싹 다 물러가게 해 주세요.

아이고, 허리야…

외형
가로 68~78cm 세로 24cm
가로로 쌓았을 경우 약 3,200m
길이 : 약 60km, 무게 : 280톤

내가 있는 곳
해인사 장경판전

생명의 은인
김영환 장군

6·25 전쟁 당시 공군이었던
김영환 장군은 북한군이 숨어 있는
해인사를 폭파하라는 명령을 받게 돼.
고민 끝에 그는 비행기를 돌렸고 처벌을 받았지.
우리의 소중한 문화유산을 불타게 할 순 없었으니까.

조선 시대에 만들어진 장경판전은 바람이 통하도록
창을 내어 습도를 조절할 수 있게 만들어졌어.
덕분에 만들어진 지 무려 7백여 년이 지난
내가 썩지 않고 잘 보존될 수 있었지.
장경판전은 마침내 과학적·역사적 가치를 인정받아
유네스코 세계 문화유산으로 지정되었어.

팔만대장경을 지켜 낼 수 있어서 다행이야.

114

한국사 단톡방
큰별쌤, 제이지, 프로도, 네오 (4)

제이지가 프로도, 네오를 초대했습니다.

얘들아, 팔만대장경 정말 대단하지 않니?

 맞아. 초조대장경도 남아 있으면 좋았을 텐데…

 혹시 고려 사람들이 또 대장경을 만들지 않았을까?

그럼 삼(3)조대장경인가? 큰별쌤께 물어보자!

제이지가 큰별쌤을 초대했습니다.

쌤, 혹시 팔만대장경 이후에 또 대장경이 만들어졌나요?

 현재 팔만대장경만 남아있어 또 만들어졌는지는 알 수 없어. 이후 금속 활자를 이용해 책을 만들기도 했지.

금속 활자가 뭐예요?

 글자 하나하나를 금속에 새긴 거야. 금속 활자를 이용해 『직지심체요절』이라는 책을 인쇄했어.

 # 직지심체요절

 고려 시대에 만들어진 세계에서 가장 오래된 금속 활자 인쇄본이다. 유네스코 세계 기록 유산으로 지정되었으며 현재 프랑스 국립 도서관에 보관되어 있다.

 우리 문화재가 프랑스에 있다니ㅠㅠ

세계 최초의 금속 활자로 인쇄된 책, 『직지심체요절』

 ☺ #

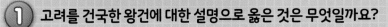

1 고려를 건국한 왕건에 대한 설명으로 옳은 것은 무엇일까요?

정답
스티커

후백제를 세웠어.

후고구려를 세우고 스스로 미륵불이라고 주장했어.

거란과의 담판을 통해 강동 6주를 얻어 냈어.

호족을 자기편으로 만들기 위해 호족의 딸과 결혼했어.

2 고려가 강화도로 수도를 옮긴 이유로 옳은 것은 무엇일까요?

정답
스티커

거란의 침입을 막기 위해서였어.

힘이 셌던 문신이 주장했기 때문이야.

몽골과 맞서 싸우기에 유리했기 때문이지.

강화도의 밤 풍경이 아름다웠기 때문이야.

3 공민왕에 대한 설명으로 옳지 않은 것은 무엇일까요?

정답
스티커

몽골의 풍습을 금지시켰어.

노국 대장 공주가 죽었을 때 슬퍼했지.

쌍성총관부를 공격해서 빼앗겼던 고려의 땅을 되찾았어.

고려의 수도를 개경에서 강화도로 옮겼어.

116

4 팔만대장경에 대한 설명으로 옳은 것은 무엇일까요?

금속에 글자를 새겨 만들었어.

고려의 수도인 개경에서 만들어졌어.

해인사 장경판전에 보관되어 있어.

거란을 물리치려는 고려인의 마음이 담겼어.

5 각 인물과 그에 대한 설명을 바르게 연결해 보세요.

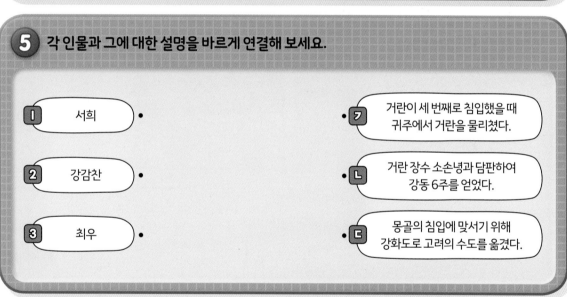

1	서희
2	강감찬
3	최우

ㄱ 거란이 세 번째로 침입했을 때 귀주에서 거란을 물리쳤다.

ㄴ 거란 장수 소손녕과 담판하여 강동 6주를 얻었다.

ㄷ 몽골의 침입에 맞서기 위해 강화도로 고려의 수도를 옮겼다.

6 맞는 문장에는 ◯, 틀린 문장에는 ✕를 써 보세요.

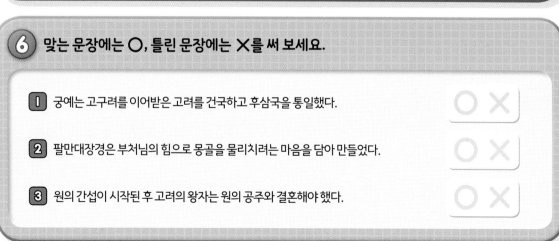

1 궁예는 고구려를 이어받은 고려를 건국하고 후삼국을 통일했다. ◯ ✕

2 팔만대장경은 부처님의 힘으로 몽골을 물리치려는 마음을 담아 만들었다. ◯ ✕

3 원의 간섭이 시작된 후 고려의 왕자는 원의 공주와 결혼해야 했다. ◯ ✕

저요! 저요! 맞춰봐요

궁금증을 해결했는지 한번 확인해 볼까?

정답

1  어피치

2 라이언

3 튜브

4 프로도

5
ㅣ ✕ ㄱ
2 ✕ ㄴ
3 ─ ㄷ

6 ㅣ ✕ 2 ○ 3 ○

구석기인!
결과를 알려 주세요!

번쩍

결과는? 통과야!
큰별쌤이 조선 시대로
이동할 수 있어.

ㅋㅋㅋ

한국사 공부를
게을리하지 말아라~

얍!

하하하

고려 시대에서
배운 것들을 잊지 마!

고려는 거란, 몽골의 침입을 받았지만
포기하지 않고 끝까지 맞서 싸웠어.
힘든 일이 있어도 포기하지 않으면
분명 좋은 일이 생길 거야.

조선으로 가자!

4

조선

조선 시대에서 해결해야 할 궁금증

궁금증을 해결하여
6개의 별을 채우면 큰별쌤이
탈출문에 가까워진답니다.

큰별쌤 이동 목표

25쪽	50쪽	84쪽	118쪽	158쪽
선사	고대	고려	조선	

>>>>>>

왜 이성계는
왕의 명령을 어기고
군사를 돌렸나요?

>

동대문이
흥인지문이라고요?

>

조선 시대에도
학교가 있었나요?

>

왜 세종 대왕은
한글을 만들었나요?

>

법전을 보면
조선 백성들의
생활을 알 수 있다고요?

>

어떻게 13척의 배로
130여 척의 배를
물리쳤나요?

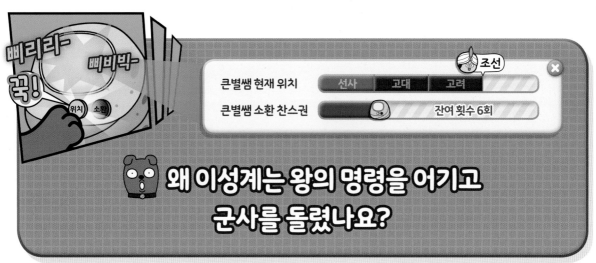

조선

큰별쌤 현재 위치 | 선사 | 고대 | 고려

큰별쌤 소환 찬스권 | 잔여 횟수 6회

왜 이성계는 왕의 명령을 어기고 군사를 돌렸나요?

드디어 조선 시대다!

이제 조금만 더 읽으면 큰별쌤을 구해 낼 수 있어.

모두 길을 비켜라.

프로도, 그 왕관은 뭐야?

반짝

반짝

이거 내가 특별히 주문 제작한 왕관이야.

왕관이 왜 필요해?

한국사 공부를 해 보니까 왕이 되고 싶더라고.

뭐든지 마음대로 할 수 있잖아.

후훗

120

드륵

폴짝
폴짝

프로도 왔구나!
목소리만 들어도
알겠어.

네오, 나 어때?

완전 멋져♥

부끄

까아

✦ 프로도 왕국 ✦

샤라라라

프로도가 왕이면, 나는 왕비?

헤헤

훗

난 왕은
부담스러운데…

자유가 없잖아!

왕이 싫다고?

긁적

왕이 말하는 건
뭐든지 다 따라야
하는데도 싫어?

우훗

잠깐!
뭐든지는 아닐걸?

활짝

뭐야, 이성계가
왕의 명령을 어기고
군사를 돌렸다고?

헉!

프로도에게 궁금증이 생겨 큰별쌤이 이동할 수 없습니다

짠당!

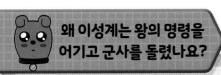

왜 이성계는 왕의 명령을
어기고 군사를 돌렸나요?

고려를 개혁하여 새로운 세상을 열려고 했기 때문이야.

☑ 초5 2학기 사회 › 민족 문화를 지켜 나간 조선

☑ 이성계 | 신진 사대부 | 위화도 회군

슈슈슈
꾹!
위치

프로도의 궁금증을 해결해 큰별쌤의 별을 100%까지 채워보아요

0%

공민왕 기억하니?
노국 대장 공주가 죽은 후
공민왕은 나랏일에 관심을 잃었어.
게다가 *홍건적과 *왜구가
백성들을 괴롭히면서 고려는
혼란에 빠졌지.

홍건적과 왜구를 무찌르며
등장한 이가 있었으니,
바로 이성계 장군이란다.

왜구
와장창
홍건적
고려

으랏차차
파앗

*홍건적 고려 말 원에서 일어난 반란군. 머리에 붉은 두건을 둘렀다고
해서 홍건적이라 불림

*왜구 고려 말부터 조선 전기까지 우리나라를 약탈하던 일본의 해적

공민왕이 추진하던
고려의 개혁은 이제
끝나겠죠?

개혁을 이어 갈 새로운
세력인 '신진 *사대부'가
등장했어.

유교가
최고!

오예! 신진 사대부가
고려의 개혁을
이어 가는군요!

힝~

신 진 사 대 부

불교는
이제 그만.

새로운 세상을
만들자!

*사대부 유교 교양을 쌓아 과거에 급제하여 관리가 된 사람

122

고려를 개혁해야 한다고 생각한 신진 사대부는 힘을 가진 이성계와 손을 잡았어.

혼란에 빠진 고려를 구해 보지 않겠소?

짜악!

함께 합시다!

신진 사대부와 이성계가 뜻을 함께했군요.

프로도의 궁금증이 해결되어 별이 채워집니다 50%

그러는 사이 중국에서는 원을 밀어내고 명이 성장했어. 어느 날 명은 고려에 땅을 내놓으라며 황당한 요구를 했지.

땅 내놔!

명원

흥

무슨 땅을 달라는 거죠?

명은 공민왕 때 원으로부터 되찾은 땅을 달라고 억지를 부렸어.

공민왕 때 되찾은 땅

고려

당시 이성계와 함께 고려의 최고 실력자였던 최영은 명의 요구를 받아들이지 않고 명을 공격해야 한다고 주장했어.

명을 먼저 공격해 고려의 힘을 보여주자!

난 생각이 다른데…

꿈적

최영

이성계

123

오늘 배운 한국사

"고려 말 이성계 장군이 위화도에서 군사를 돌려

신진 사대부와 함께 새 나라를 세울 준비를 했어요."

기억할 개념 ①

이성계 : 고려 말 홍건적과 왜구를 물리친 장군으로, 신진 사대부와 힘을 합쳐

고려를 개혁하고자 함

새 나라를 세울 준비된 사람

내 화살을 받아라!

아지발도

왜구를 물리쳤다!

고려 말에 왜구가 자주 공격해 왔어.
당시 왜구의 장수는 15살의 '아지발도'였어.
아지발도는 항상 튼튼한 갑옷과 투구를 쓰고
있어서 아무도 화살을 맞힐 수 없었지. 황산에서
전투가 일어났을 때 나와 내 부하의 활약으로
아지발도는 화살에 맞고 목숨을 잃었어.
그때 6천 명이 넘는 왜구를 무찔렀지.

인생 최고의 승리
황산 대첩

아버지
이자춘

내 아버지는 원이 관리하던
쌍성총관부 지역의 관리였어.
공민왕께서 이 지역을 되찾으려 하자
아버지는 공민왕을 도왔고, 결국 고려는
쌍성총관부 지역을 되찾았지.
아버지가 세운 공 덕분에 나는
고려 중앙 정계로 진출할 수 있었단다.

친한 동생
정도전

신진 사대부인 정도전은 나와
마음이 맞는 친구 같은 동생이야.
정도전은 고려에 희망이 없기 때문에
새로운 나라를 세워야 한다고 했어.
그리고 조선을 건국하기까지 항상
내 옆을 든든히 지켜 주었지.

이제 새로운 나라를
세울 때입니다.

고 려

도와줘서 고맙소.

제 아들
잘 부탁드립니다.

중앙 진출
축하드려요.

공민왕

이자춘

동대문이 흥인지문이라고요?

오예!

오늘은 현장학습 가는 날

고고씽~

부릉

부릉

이게 동대문인가?

빨리 가서 직접 보고 싶어.

여기가 동대문이야.

우아

엄청 크네요.

오잉?

동대문은 세 글자인데 한자는 왜 네 글자죠?

한자는 '흥인지문'이란다. 동대문의 다른 이름이지.

아까 책에서 봤어요.

동대문이 흥인지문이라고요?

엥?

콘에게 궁금증이 생겨 큰별쌤이 이동할 수 없습니다

짠당!

126

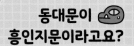
동대문이 흥인지문이라고요?

꾹! 슈슈슈 위치

흥인지문은 유교의 가르침을 담은 동대문의 다른 이름이란다.

☑ 초5 2학기 사회 〉 민족 문화를 지켜 나간 조선

☑ 한양 | 정도전

콘의 궁금증을 해결해 큰별쌤의 별을 100%까지 채워보아요 0%

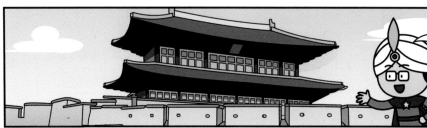

우리나라 보물 1호인 동대문이란다. 동대문은 조선의 새 수도를 둘러싼*성곽 동쪽의 성문이었어.

조선을 세운 이성계가 가장 먼저 한 일은 새 수도를 건설하는 거였어.

새 나라에 맞게 수도를 바꿔 보자!

새 수도의 모습 기대돼요!
설렘

콘의 궁금증이 해결되어 별이 채워집니다 50%

이성계는 직접 여러 곳을 돌아다니며 새 수도를 찾았어. 고민 끝에 한양이 수도로 결정되었지. 한양은 오늘날의 서울이란다.

짜잔!

저곳이 어떠하냐.

산 좋고 물 좋고 아주 딱입니다.

더는 못 돌아다니겠어요.

*성곽 적을 막기 위하여 높이 쌓아 만든 담

127

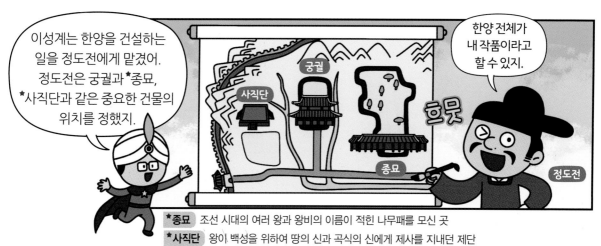

*종묘 조선 시대의 여러 왕과 왕비의 이름이 적힌 나무패를 모신 곳

*사직단 왕이 백성을 위하여 땅의 신과 곡식의 신에게 제사를 지내던 제단

콘의 역사노트

오늘 배운 한국사

"조선은 한양을 새 도읍지로 정하고 유교의 원리를 담아 궁궐, 종묘, 사직단, 성문 등 중요한 건물을 지었어요."

기억할 개념 ②

한양: '서울'의 옛 이름으로, 조선을 건국한 후 이성계가 새로 정한 수도

정도전: 이성계를 도와 조선을 건국하였으며 조선의 새 도읍지 한양 건설을 책임진 인물

조선 왕조의 꼼꼼한 설계자

나는 고려 말에 원과 친하게 지내면서 권력을 휘두르는 사람들이 정말 싫었어.
이런 나에게 원 사신의 마중을 나가라고 했던 일이 있었지.
난 당연히 거부했어. 그러자 나를 멀리
전라도 나주로 유배 보냈단다.

가장 화났던 일
원 사신의 마중을
나가라고 했던 일

이곳에서도 많은 걸
배워야겠다.

집을 떠나야 하는 건
슬퍼요.

인생의 전환점
유배 생활

책에서 배웠던
가르침이 더 생생하게
다가오는구나.

유배 생활을 하면서
백성의 삶을 직접 눈으로 보니
정말 슬펐어. 못된 관리들 때문에
힘들게 사는 백성이 많았거든.
그래서 나는 꼭 백성을 위한
정치를 해야겠다고 다짐했지.

성격
행동파

내 머리와
이성계의 군사라면
무슨 일인들 못 하겠는가!

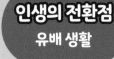

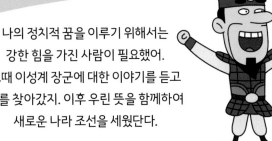

*삼봉 선생님
멋져요!

나의 정치적 꿈을 이루기 위해서는
강한 힘을 가진 사람이 필요했어.
그때 이성계 장군에 대한 이야기를 듣고
그를 찾아갔지. 이후 우린 뜻을 함께하여
새로운 나라 조선을 세웠단다.

*<u>삼봉</u> 정도전의 호

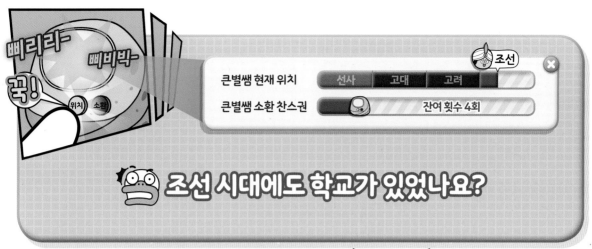

삐리리- 삐비빅- 꾹!

위치 소환

조선

| 큰별쌤 현재 위치 | 선사 | 고대 | 고려 | |
| 큰별쌤 소환 찬스권 | | | 잔여 횟수 4회 | |

조선 시대에도 학교가 있었나요?

숙제하기 싫어.

흐앙~

날 구해 주려면 여기 조선의 학생들처럼 열심히 공부해야지!

으짜

조선의 초등학생도 숙제가 있었나?

모르겠어. 책 찾아보자.

하늘 천~

땅 지~

교실 맞나? 책상이 없는데.

오~ 누울 수도 있나 봐!

학교 교실이 아니라 집인 것 같아.

여긴 조선의 초등학교라 할 수 있는 서당이란다.

앗!

조선 시대에도 학교가 있었어요?

짜당!

튜브에게 궁금증이 생겨 큰별쌤이 이동할 수 없습니다

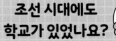
서당과 성균관이 조선의 학교란다.

☑ 초5 2학기 사회 > 민족 문화를 지켜 나간 조선

☑ 유학 | 서당 | 4부 학당 | 향교 | 성균관

튜브의 궁금증을 해결해 큰별쌤의 별을 100%까지 채워보아요 (0%)

책에서 본 서당의 모습이 너희가 다니는 학교의 모습과 좀 다르지?

조선 시대에도 학교가 있었어. 먼저 서당부터 살펴보자.

서당에서 공부하는 친구들의 모습이 궁금해요!

조선 시대에는 7~8살이 되면 서당에 다니기 시작했어. 서당에서는 *『천자문』을 통해 글자를 익히고 유학의 기초를 배웠어. 서당의 선생님은 훈장님이라 불렀지.

누가 장난치느냐!

다리 저려.

유학을 배우자… 자고 싶다.

*『천자문』 한자 학습의 기본서로 널리 쓰인 중국의 책으로 1,000자로 이루어져 있음

튜브의 궁금증이 해결되어 별이 채워집니다 (30%)

유학? 외국에 가서 공부할 준비를 하는 건가?

유학은 *공자의 가르침을 배우는 학문이야. 조선은 유학 교육을 하기 위해 서당을 비롯해 여러 교육 기관을 세웠지.

공자

*공자 인(仁)을 강조한 중국의 사상가

서당이 오늘날의 초등학교랑 다른 점은 다양한 나이의 학생들이 함께 공부했다는 거야.

12살
10살
8살

서당 졸업하면 공부 그만해도 되죠?

움찔

향교

서당에서 공부를 마친 학생들은 한양(서울)의 4부 학당이나 지방의 향교에서 좀 더 어려운 유학을 공부했어.

70% **튜브의 궁금증이 해결되어 별이 채워집니다**

그럼 이제 공부 끝인가요?

아직! 성균관이 남았단다. 성균관은 오늘날 대학교에 해당하는 조선 최고의 교육 기관이지.

내가 바로 성균관에서 공부하는 유생!

야호

나야 나~

튜브의 궁금증이 완벽 해결되어 큰별쌤이 이동할 수 있습니다

튜브의 역사노트

오늘 배운 한국사

"조선의 학생들도 지금의 초등학교와 같은 서당에 다녔어요.

조선 최고의 교육 기관인 성균관에서 공부하고 시험에 합격해 관리가 되었죠."

기억할 개념 ①

서당 : 오늘날의 초등학교에 해당하는 조선 시대의 교육 기관

성균관에는 공자를 모시고
제사를 지내는 대성전이라는 건물이 있어.
유학을 공부하는 나에게 공자의
가르침을 배우는 것은 정말 중요하지.

서재

명륜당

대성전

동재

내가 바로
공자

친구들이랑
같이 살면 좋겠다.

생활하는 곳
동재, 서재

존경하는 사람
공자

동재와 서재가 내가 생활하는 기숙사야.
성균관 유생들은 성균관에서 수업을
듣고 공부하는 것은 물론 밥도 먹고,
잠도 자며 기숙사 생활을 했어.
학비와 기숙사비, 학용품을
모두 나라에서 대 주었지.

내가 공부하는 가장 큰 이유는
과거 시험을 잘 봐서
관리가 되어야 하기 때문이야.
관리가 되기 위해 유학 공부를
하는 것뿐만 아니라
글을 짓는 방법,
글씨 쓰는 방법 등도
성균관에서 배우지.

장래 희망
관리

프로도와 네오가
응원합니다!

실력을 쌓으면
언젠가 관리가 되어
뜻을 펼칠 날이
올 거야.

나도 열심히
공부해야지~

튜브가 프로도, 네오를 초대했습니다.

왜 성균관 유생들이 보는 시험을 '과거'라고 부르는 거야?

그러게. 나도 궁금했는데…

지금이라도 궁금증을 해결해 보자!

튜브가 큰별쌤을 초대했습니다.

쌤, 시험 이름을 왜 '과거' 시험이라고 하죠? '과거-현재-미래'할 때 과거랑 같은 의미예요??

발음은 같지만 의미가 다르단다.

科 擧	過 去
과목 과 들 거	지날 과 갈 거
조선 시대에 관리를 뽑을 때 실시한 시험	이미 지나간 때

뜻이 다른 거구나~

좀 더 자세히 알려 줄게.

> **# 과거 시험**
>
> 문관이 되기 위해서는 소과, 대과를 통과해야 한다. 무관은 말타기와 활쏘기 등을 평가하는 무과를 통해, 통역관과 의관 등의 기술관은 잡과 시험을 통해 뽑았다.
>
>

조선 시대에 태어나지 않아서 다행이야.

조선의 관리 선발 시험, 과거

큰별쌤 현재 위치　　선사　고대　고려　조선

큰별쌤 소환 찬스권　　잔여 횟수 3회

왜 세종 대왕은 한글을 만들었나요?

룰루
랄라
어피치, 뭐 해?

쉬는 날이 언제인지 달력을 보고 있어.

어쩐지 신나 보이더라.

10월에도 쉬는 날이 있네?

10월 9일! 한글날이잖아.

한글의　뛰어남을　기념하기 위한 날이지.

얍　뿅　빙그르　짜잔!

한글날이 없을 뻔했어. 한글을 반대한 신하가 있었대.

한글 반대

헉

신하들의 반대를 무릅쓰고 한글을 만들다니… 세종 대왕님은 왜 한글을 만드신 거지?

우아

어피치에게 궁금증이 생겨 큰별쌤이 이동할 수 없습니다

꽝 딩!

왜 세종 대왕은
한글을 만들었나요?

꾹!

위치

슈슈슈

글을 모르는 백성들을 위해
배우기 쉬운 한글을 만드신 거야.

☑ 초5 2학기 사회 〉 민족 문화를 지켜 나간 조선

☑ 세종 대왕 | 훈민정음

어피치의 궁금증을 해결해 큰별쌤의 별을 100%까지 채워보아요   0%

세종 대왕은 누구보다도
백성을 사랑한 왕이었어.
백성의 생활을 안정시키는 것이
가장 중요하다고 생각했지.

사랑해요 백성

백성이
나라의 중심!

와아

뾰로롱

자나 깨나 백성들
생각뿐이었군요.

그런 세종 대왕에게 큰 고민이 있었어. 백성들이 글을
읽지 못해 억울한 일을 당하는 것이었지.

어허

왜 법을 어겼느냐!

법을 어긴 줄도
몰랐습니다.

글을 모르니
법 조항도 읽을 수가
없어요.

30%   어피치의 궁금증이 해결되어 별이 채워집니다

당시 조선은 중국의
글자인 한자를 사용했어.
한자는 글자 수가 많아서
백성들이 배우기
어려웠지.

한자 말고 쉽게
배울 수 있는 글자가
있으면 좋겠다.

털썩

한자는 저도
어려운걸요ㅠㅠ

우힝

백성을 가엾게 여긴 세종 대왕은 직접 누구나 쉽게 배울 수 있는 새로운 글자를 만들기로 결심했어.

마침내 세종 대왕은 **자음 17자**와 **모음 11자**, 총 28자의 *훈민정음(=한글)을 *창제했단다.

자음 17자

ㄱ ㅋ ㆁ ㄷ ㅌ ㄴ ㅂ
ㅍ ㅁ ㅈ ㅊ ㅅ ㆆ ㅎ
ㅇ ㄹ ㅿ

모음 11자

· ㅡ ㅣ ㅏ ㅓ
ㅗ ㅜ ㅑ ㅕ ㅛ ㅠ

*훈민정음 백성을 가르치는(훈민) 바른 소리(정음)라는 뜻의 우리나라 글자   *창제 전에 없던 것을 처음으로 만듦

자음은 소리를 내는 기관과 발음하는 모양을 본떠서 **기본 글자** 5개를 만들고, 기본 글자에 획을 더하거나 모양을 달리해 **나머지 글자**를 만들었어.

ㄱ ㅋ   ㄴ ㄷ ㄹ   ㅁ ㅂ ㅍ   ㅅ ㅈ ㅊ   ㅇ ㅎ

모음은 하늘, 사람, 땅을 본떠 3개의 **기본 글자**를 만들고, 기본 글자를 활용해서 **나머지 글자**를 만들었단다.

● + ㅡ → ㅗ

● + ㅣ → ㅓ

어피치의 궁금증이 해결되어 별이 채워집니다 70%

일부 신하들은 세종 대왕에게 훈민정음 창제를 반대하는 *상소문을 올리기도 했어.

욱~

아니 되옵니다.

한자가 있는데 새 글자가 무슨 필요가 있습니까?

귀를 여시옵소서!

*상소문 임금에게 올리는 글

하지만 세종 대왕은 신하들의 반대에도 흔들리지 않고 훈민정음을 만들어 *반포했어.

정말 쉽다!

역시 백성을 생각하는 마음은 세종 대왕님이 최고예요♥

아잉

*반포 세상에 널리 퍼뜨려 모두 알게 하는 것

훈민정음은 배우기 쉽고, 거의 모든 소리를 적을 수 있는 독창적인 글자란다.

훈민정음

나랏말 쌍미

멋져

멋져

세종 대왕을 만 원권 지폐에서 만나요!

100%

어피치의 궁금증이 완벽 해결되어 큰별쌤이 이동할 수 있습니다

GO!

꾀적꾀적 어피치의 역사노트

오늘 배운 한국사

"세종 대왕님은 글을 모르는 백성을 위해 신하들의 반대에도 흔들리지 않고 훈민정음을 만들었어요."

기억할 개념 ①

훈민정음 : 백성을 가르치는 바른 소리라는 뜻으로, 세종 대왕이 창제한 우리나라 글자

세종 대왕은 말이야 다재다능한 백성 바라기

나는 백성을 위해 일할 학자를 키우는 것이 중요하다고 생각했어.
그래서 궁궐 안에 학문을 연구하는 기구인 집현전을 만들었지.
학자들과 나는 이곳에서 좋은 제도를
만들기 위해 연구하고
다양한 책을 펴냈단다.

새로 세운 기구
집현전

출근 중?

연구해야
할 것이 많다네.

이런 의미였구나.

취미
책 읽기

볼수록 매력적인
볼매 세종 대왕님♥

난 어렸을 때부터 책을 많이 읽었어.
추울 때나 더울 때나 책을 손에서 놓지 않았지.
책을 통해 올바르게 나라를 다스릴 방법을 배울 수 있었단다.

만든 책
『농사직설』

세종 대왕님
만세!

원래 있던 농사 책들은 모두
중국의 책이어서 우리나라 환경에는
잘 맞지 않았어. 그래서 여러 농부들에게
농사법을 하나하나 물어보고
『농사직설』이라는 책을 만들었지.
덕분에 백성이 더 쉽게 농사를
지을 수 있게 되었단다.

글자를
만들어 주셔서
감사합니다!

한국사 단톡방
큰별쌤, 어피치, 라이언 (3)

세종 대왕님 생각에 잠이 안 와.
또 다른 중요한 일을 하시지 않았을까?

 글쎄… 큰별쌤은 아시지 않을까?

라이언이 큰별쌤을 초대했습니다.

큰별쌤, 세종 대왕님에 대해 좀 더 알려 주세요!

 세종 대왕은 과학 분야에서도 뛰어난 업적을 남겼지.

측우기

내린 비의 양을 재는 세계 최초의 측정 기구로, 세종 때인 1441년 세계 최초로 만들어졌다. 측우기에 고인 빗물의 깊이를 재어 내린 비의 양을 측정하고, 이를 통해 농사지을 시기를 예측할 수 있었다. 또 홍수와 가뭄으로 인한 피해를 예방하였다.

측우기 / 측우대

앙부일구

앙부는 하늘을 우러러보는 모양의 가마솥, 일구는 해의 그림자, 즉 해시계를 뜻한다. 세종 때 장영실이 처음 만든 앙부일구는 백성들이 다니는 큰길에 두어 공공 시계 역할을 했지만 없어졌다. 몇백 년 뒤 비슷한 원리로 만든 앙부일구만이 남아 있다.

 오~ 역시 세종 대왕님!

과학 기술을
발전시킨
세종 대왕

놓치지 않을 거예요. 세종 대왕님♥

 ♥♥♥♥♥♥♥♥♥♥♥♥♥♥♥♥♥♥♥♥♥

141

법전을 보면 조선 백성들의 생활을 알 수 있다고요?

조선의 기본 법전인 『경국대전』을 보면 알 수 있어.

☑ 초5 2학기 사회 〉 민족 문화를 지켜 나간 조선

☑ 『경국대전』 | 성종

무지의 궁금증을 해결해 큰별쌤의 별을 100%까지 채워보아요 0%

『경국대전』은 나랏일부터 백성들의 일상생활까지 모든 것을 *아우르는 조선의 기본 법전이야.

『경국대전』이 어떻게 만들어졌는지 알려 줄게.

이번 궁금증 주인공은 나야나!

짜잔!

경국대전

조선이 세워지고 여러 법전이 만들어졌지만 정식 법전은 아니었어. 이후 왕위에 오른 세조는 유교를 바탕으로 통일된 법전을 만들기 시작했단다.

우리 하나로 다시 태어나자!

경제육전

조선경국전

속육전

그럼 세조께서 『경국대전』을 만드신 건가요?

와아

법전은 하루아침에 완성될 수 있는 게 아니었어. 세조 때 만들기 시작한 경국대전은 다다음 왕인 성종 때 완성되었지.

나라의 모든 일은 『경국대전』을 따르거라!

태조 정종 태종 세종 문종 단종 세조 예종 성종

경국대전

성종

*아우르다 여럿을 모아 한 덩어리나 한 판이 되게 하는 것

143

『경국대전』은 「이전」, 「호전」, 「예전」, 「병전」, 「형전」, 「공전」으로 나뉘어 있어.

정말 많은 내용이 담겨 있네요.

「이전」 관리의 임명, 관리가 맡은 일 등에 관한 법

관리로 임명하노라.

「호전」 세금을 거두는 기준, 방법 등에 관한 법

알맞게 세금을 거뒀군.

「예전」 과거 시험, 다른 나라와의 관계, 왕실 제사 등에 관한 법

공부 좀 더 할걸…

「병전」 군대 지휘와 군사에 관한 법

이쪽으로 공격합시다!

「형전」 형벌과 재판에 관한 법

다신 안 그러겠습니다!

「공전」 국가 시설, 도로 공사, 교통 등에 관한 법

힘들다.

무지의 궁금증이 해결되어 별이 채워집니다   50%

법전을 가지고 있다는 것은 나라의 모든 체제가 정비되었다는 것을 뜻하지.

백성을 위한 법이 많이 담겨 있어~

조선은 법에 따라 다스려진 나라임을 꼭 기억하렴.

 난 아직 결혼 못 하겠네.

 나도 출산 휴가 신청할까?

우리가 이제 결혼할 나이가 되었소.

아버지, 저 군대 안 가도 된대요.

 아이를 낳았으니 난 50일 동안 휴가~

난 15일의 휴가를 받겠군.

남자는 15세, 여자는 14세가 되어야 혼인할 수 있다.

부모가 많이 아프거나 부모의 나이가 70세 이상이면 아들 1명은 군대에 가지 않아도 된다.

노비 여성의 출산 휴가는 80일이다. 필요에 따라 남편도 신청할 수 있다.

100%

무지의 궁금증이 완벽 해결되어 큰별쌤이 이동할 수 있습니다 GO!

무지의 역사노트
꼼꼼 꼼꼼

오늘 배운 한국사

"조선의 기본 법전인 『경국대전』에는 조선의 통치 체제뿐만 아니라

당시 사람들의 풍속과 일상생활에 관련된 다양한 조항이 담겨 있어요."

기억할 개념 ②

『경국대전』: 세조 때부터 만들기 시작하여 성종 때 완성된 조선의 기본 법전

성종 : 이전 왕들의 업적을 바탕으로 조선 전기의 문물 제도를 완성한 임금

조선의 기틀을 완성한 왕

나는 13살에 왕위에 올랐어.
나라를 다스리기에는 어렸기 때문에
할머니였던 정희 대비께서 나를 도와
나랏일을 돌보았지.
20살이 되던 해부터는 할머니의
도움 없이 내 힘으로 나라를
다스렸단다.

왕이 된 나이
13살

이렇게 저렇게 합시다.

이렇게 저렇게 하세요.

새로 세운 기구
홍문관

할아버지인 세조께서
집현전을 없애셨어.
하지만 나라를 잘
다스리기 위해서
난 집현전이 꼭
필요하다고 생각했지.
그래서 집현전과 같은
기능을 하는 홍문관을 새로 만들었어.
홍문관의 젊은 학자들은 열심히
학문을 연구했어. 그들은 나와
다른 신하들의 잘못을 지적하는
역할도 했단다.

나는 다양한 책을 만들어
조선의 문화 발전에도 힘썼단다.
각 지역의 지리와 풍속 등에 관한
내용을 정리한 『동국여지승람』,
역사서인 『동국통감』과
음악 책인 『악학궤범』도
만들었어.

만든 책
『동국여지승람』,
『동국통감』, 『악학궤범』 등

전하,
그러시면 아니 되옵니다!

나라의 제도를
완성하였다고 해서
성(成)왕(王)

무지가 콘, 튜브를 초대했습니다.

얘들아, 내가 퀴즈 하나 낼게.
고려는 불교의 나라, 그럼 조선은?

 에헴;;『경국대전』이 유교를 바탕으로
만들어졌다고 했는데.

 조선의 학생들도 유교를 배웠다고 했잖아.

콘이 큰별쌤을 초대했습니다.

 큰별쌤, 조선은 유교의 나라인가요?

 맞아. 조선은 유교 정신에 따라 나라를 다스렸단다.

『경국대전』말고 유교와 관련된 책이 또 있나요?

 세종 대왕 때 유교 윤리를 백성에게 알리려고 펴낸 책이 있어.

『삼강행실도』   ...

 조선 세종 때 만들어진 책으로
충신, 효자, 열녀 이야기를 모아
놓았다. 유교적 윤리를 잘 실천
한 모범적인 사례를 글과 그림으
로 설명하였다. 글에 그림을 곁
들여 글을 모르는 백성도 이해
하기 쉽도록 하였다.

 세종 대왕님을 좋아하는 어피치에게도
알려 줘야겠어요.

유교 정신을 담은
『삼강행실도』

어떻게 13척의 배로 130여 척의 배를 물리쳤나요?

좁은 물길과 빠른 물살을 이용한 전략으로 승리할 수 있었단다.

✅ 초5 2학기 사회 > 민족 문화를 지켜 나간 조선

✅ 이순신 | 한산도 대첩 | 학익진 | 명량 대첩

라이언의 궁금증을 해결해 큰별쌤의 별을 100%까지 채워보아요 0%

이순신 장군이 단 13척의 배로 일본군을 물리친 전투는 *임진왜란 중에 벌어진 명량 대첩이야.

늠름

이순신 장군 동상

임진왜란이 뭐죠?

일본군은 대체 왜 조선에 쳐들어 온 거죠?

조선이 세워진 지 200년이 지난 1592년, 일본이 조선을 침략하여 임진왜란이 일어났어. 일본을 통일한 도요토미 히데요시는 헛된 욕망을 품었어. 명으로 가는 길을 내어 달라는 명분을 내세워 조선을 공격했지.

조선을 공격하라!

명

조선

일본

도요토미 히데요시

조선은 전쟁이 일어날 줄 몰랐던 건가요?

굵적 굵적

도요토미 히데요시가 품은 대륙 침략의 욕망에 대비해야 합니다.

그 무렵 조선에서는 신하들이 전쟁 준비를 해야 할지 말아야 할지를 두고 논쟁을 벌였어.

찬성 ○ 전쟁준비

쓸데없는 소리!

*임진왜란 임진년인 1592년에 왜국(일본)이 일으킨 난이란 뜻으로, 일본이 조선을 침입한 전쟁

150

*피란 전쟁을 피해 가는 길 또는 전쟁을 피해 안전한 곳으로 옮겨 감

한산도 대첩

진주 대첩
김시민

행주 대첩
권율

이기기 힘들겠네!

임진왜란의 3대 대첩에 대해 들어 봤니? 한산도 대첩, 진주 대첩, 행주 대첩이란다. 한산도 대첩에서 이순신 장군은 5~6척의 배로 일본군 함선을 유인했어. 넓은 바다에서 기다리고 있다가 학이 날개를 펼친 듯한 형태로 적을 둘러싸는 학익진 전법을 통해 조선 *수군은 큰 승리를 거두지.

지금이다! 대포를 쏴라!

피슈슈슉

펑

쏴아아

와아

한편 선조의 요청으로 명의 지원군이 조선에 도착했어.

명

조선

전쟁에서 불리해지자 일본은 명에게 *강화 회담을 제안했지. 강화 회담은 명과 일본의 의견이 맞지 않아 끝나고 말았어.

이쯤에서 그만하자.

됐거든!

*수군 조선 시대에 바다에서 나라를 지킨 군대   *강화 회담 싸우던 두 편이 싸움을 멈추고 어떻게 평화로운 상태를 만들지 논의하는 일

결국 일본이 조선을 다시 침입했어(*정유재란). 이때 일어난 전투 중 하나가 명량 대첩이야. 이 전투에서 이순신 장군은 배가 단 13척밖에 남아 있지 않았지만, 폭이 좁고 물살이 빠른 명량 해협의 특성을 이용한 전술로 130여 척의 일본군을 물리치며 큰 승리를 거뒀어.

70% **라이언의 궁금증이 해결되어 별이 채워집니다**

*정유재란 임진왜란 강화 회담이 실패한 뒤 정유년인 1597년에 일본이 조선을 다시 침략한 전쟁

오늘부터 내 마음속 1순위는 이순신 장군님!

최고~

안타깝게도 이순신 장군은 노량 해전에서 임진왜란 최후의 결전을 펼치고 돌아가시고 말았어. 위기에서 조선을 구한 이순신 장군을 잊지 말자!

불끈

100%

라이언의 궁금증이 완벽 해결되어 큰별쌤이 이동할 수 있습니다 GO!

꼼꼼 꼼꼼 라이언의 역사노트

오늘 배운 한국사

"이순신 장군이 임진왜란 중 단 13척의 배로 130여 척의 일본군을 크게 무찌른 전투는 명량 대첩이에요."

기억할 개념 ②

이순신 : 왜란이 일어났을 때 바다에서 일본군에 맞서 여러 전투를 승리로 이끈 장군

임진왜란 : 조선 선조 때 일본의 침략으로 일어난 전쟁

난 임진왜란에서 빼놓을 수 없는 존재지.

좋아하는 배
거북선

거북선은 조선 수군의 기본 전함인 판옥선에 튼튼한 덮개를 씌워 만들었어. 거북 등과 같은 덮개에는 뾰족한 쇠못을 꽂아 적군이 배 위로 올라타지 못하게 했지.

천하무적 거북선!

이순신 장군님! 잊지 않을게요.

마지막 전투
노량 해전

도요토미 히데요시가 죽은 후 일본군은 철수하기 시작했어. 하지만 난 일본군을 모두 물리쳐야 한다고 생각했고, 노량에서 최후의 전투를 벌였지. 전투 중 총에 맞은 나는 "싸움이 급하니 내가 죽었다는 말을 하지 말라."는 마지막 말을 남겼어. 이 말은 훗날 아주 유명해졌단다.

좋아하는 일
일기 쓰기

임진왜란에 대해 알고 싶으면 나를 봐~

나도 일기 열심히 써야겠다.

난중일기

내가 죽었다는 것을 말하지 말라.

내가 임진왜란 때 쓴 일기가 『난중일기』야. 어떻게 전투를 준비했는지, 어떤 전투를 벌였는지 등에 대해 생생하고 자세히 적었지. 그 가치를 인정받아 유네스코 세계 기록 유산으로 등재되었단다.

라이언이 어피치, 무지를 초대했습니다.

이순신 장군님은 정말 대단하신 것 같아!

 맞아. 죽는 순간까지 조선을 걱정하셨지ㅠㅠ

 이순신 장군 말고 조선을 위해 싸운
다른 분들이 궁금해.

큰별쌤이 알려 주셨던 거 같은데…
큰별쌤에게 물어보자.

라이언이 큰별쌤을 초대했습니다.

 얘들아, 마지막 관문만 남았구나. 좀 더 힘내!

큰별쌤, 임진왜란 때 이순신 장군 말고
일본군과 맞서 싸운 분들이 궁금해요.

 의병이 일본군에 맞섰다는 것 기억하니?
대표적인 의병으로 곽재우가 있단다.

> **# 곽재우** ...
>
> 임진왜란 때 고향인 경상도 의령에서
> 의병을 일으킨 인물이다. 자신의 노비
> 와 지방의 농민들로 의병을 조직하여
> 일본군과 싸워 여러 번 승리하였다.
> 늘 붉은 옷을 입고 다녀서 '홍의 장군'
> 이라고 불렸다.

 붉은 옷을 입으면 용기가 생기는 건가!?
나도 붉은 옷 입고 싶다.

조선을 지킨
또 다른 영웅,
곽재우

 ☺ #

① 이성계에 대한 설명으로 옳지 않은 것은 무엇일까요?

정답
스티커

고려 말 홍건적과
왜구를 물리쳤어.

명을 먼저 공격해야
한다고 주장했어.

네 가지 이유를 들어
요동 공격을 반대했어.

왕의 명령을 어기고
위화도에서 군사를
돌렸어.

② 성균관에 대한 설명으로 옳은 것은 무엇일까요?

정답
스티커

조선 시대의
초등학교라고
할 수 있어.

불교의 가르침을
공부했어.

『천자문』 등을 통해
글자를 익히고 유학의
기초를 공부했어.

명륜당에서
과거 시험에 필요한
공부를 했어.

③ 훈민정음에 대한 설명으로 옳지 않은 것은 무엇일까요?

정답
스티커

백성을 가르치는
바른 소리라는 뜻의
글자야.

거의 모든 소리를
적을 수 있는
독창적인 글자야.

중국의 한자를
본떠서 만들었어.

일부 신하들이
훈민정음 창제를
반대했지.

4 『경국대전』에 대한 설명으로 옳은 것은 무엇일까요?

정답
스티커

세종 대왕 때 완성했어.

나라를 다스리는 기준이 된 조선의 기본 법전이야.

충신, 효자, 열녀의 이야기를 모아 놓았지.

조선의 음악을 정리한 책이야.

5 이순신 장군이 이끈 각 전투와 그에 대한 설명을 바르게 연결해 보세요.

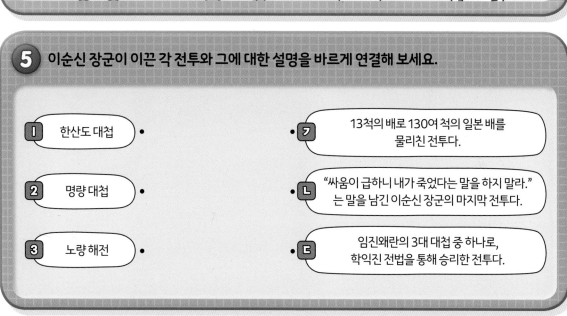

1 한산도 대첩

2 명량 대첩

3 노량 해전

ㄱ 13척의 배로 130여 척의 일본 배를 물리친 전투다.

ㄴ "싸움이 급하니 내가 죽었다는 말을 하지 말라." 는 말을 남긴 이순신 장군의 마지막 전투다.

ㄷ 임진왜란의 3대 대첩 중 하나로, 학익진 전법을 통해 승리한 전투다.

6 맞는 문장에는 ○, 틀린 문장에는 ✕를 써 보세요.

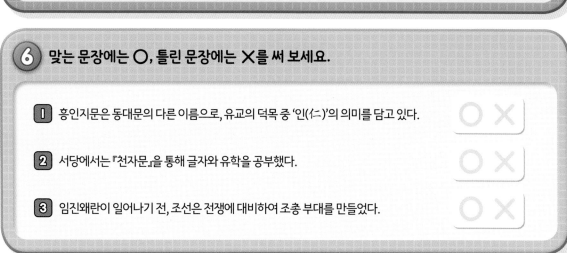

1 흥인지문은 동대문의 다른 이름으로, 유교의 덕목 중 '인(仁)'의 의미를 담고 있다. ○ ✕

2 서당에서는 『천자문』을 통해 글자와 유학을 공부했다. ○ ✕

3 임진왜란이 일어나기 전, 조선은 전쟁에 대비하여 조총 부대를 만들었다. ○ ✕

💡 정답은 158쪽에 있어요. 157

궁금증을 해결했는지 한번 확인해 볼까?

정답

1. 프로도

2. 무지

3. 제이지

4. 라이언

5.
ㅣ		ㄱ
ㄹ		ㄴ
ㅣ		ㄷ

6.  ① ○　② ○　③ ✕

구석기인! 결과를 알려 주세요!

좋아!

드디어 마지막 테스트까지 끝냈군. **결과는? 통과야!** 여기까지 오다니 놀라운걸?

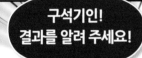

나, 이성계가 세운 조선을 잊지 마!

이제 큰별쌤이 책에서 탈출할 수 있는 거예요?

오예!

와아

아싸

약속대로 이제 내가 큰별쌤을 탈출문이 있는 곳으로 데려다줄게.

Let's Go!

빨리 데려다주세요!

헤헤

카카오프렌즈와 큰별쌤의 이야기는 2권으로 이어집니다.

한국사 궁금증을 모두 해결하여 20개의 별을 채워보아요!

사진 출처

1강 라스코 동굴 벽화 ⓒ 전곡선사박물관

2강 빗살무늬 토기 ⓒ 국립중앙박물관

7강 무용총 수렵도 ⓒ 픽스타

7강 무용총 무용도 ⓒ <연합뉴스>

7강 천마총 금제 허리띠, 확대본 ⓒ 문화재청

7강 천마총 관모 ⓒ 문화재청

7강 경주 천마총 장니 천마도 ⓒ 문화재청

7강 무령왕릉 발굴 당시 모습 ⓒ <연합뉴스>

14강 해인사 장경판전 살창 ⓒ 문화재청

14강 직지심체요절 ⓒ 국립중앙박물관

18강 관상감 측우대 ⓒ 문화재청

18강 앙부일구 ⓒ 문화재청

19강 삼강행실도 ⓒ 국립중앙박물관

*사진을 제공해주신 단체와 저작권자의 도움에 감사드립니다.

큰★별쌤 최태성과
떠나는 한국사 대탐험
구해줘
카카오프렌즈

초판 10쇄 발행 2023년 7월 7일
초판 1쇄 발행 2019년 8월 20일

글 | 최태성, 조윤호
감수 | 모두의 별별 한국사 연구소 곽승연, 이상선, 김혜진
그림 | 도니패밀리
디자인 | 김서하

발행인 | 손은진
개발 책임 | 김문주
개발 | 민고은, 서은영
제작 | 이성재, 장병미

발행처 | 메가스터디㈜
출판사 신고 번호 | 제 2015-000159호
주소 | 서울시 서초구 효령로 304(서초동) 국제전자센터 24층
대표전화 | 1661-5431
홈페이지 | http://www.megastudybooks.com
출간제안/원고투고 | writer@megastudy.net

제조자명 : 메가스터디㈜
제조연월 : 별도표기
주소 및 전화번호 : 서울시 서초구 효령로 304(서초동) 국제전자센터 24층 / 02-6984-6936
제조국명 : 대한민국
사용연령 : 만 3세 이상
KC 마크는 이 제품이 자율안전기준에 적합함을 의미합니다.

메가스터디BOOKS
'메가스터디북스'는 메가스터디㈜의 출판 전문 브랜드입니다.
유아/초등 학습서, 중고등 수능/내신 참고서는 물론,
지식, 교양, 인문 분야에서 다양한 도서를 출간하고 있습니다.

저요! 저요! 스티커를 붙여봐요

저요! 저요! 풀어봐요 스티커를 떼어 정답 스티커란에 붙여 사용하세요.